D1857879

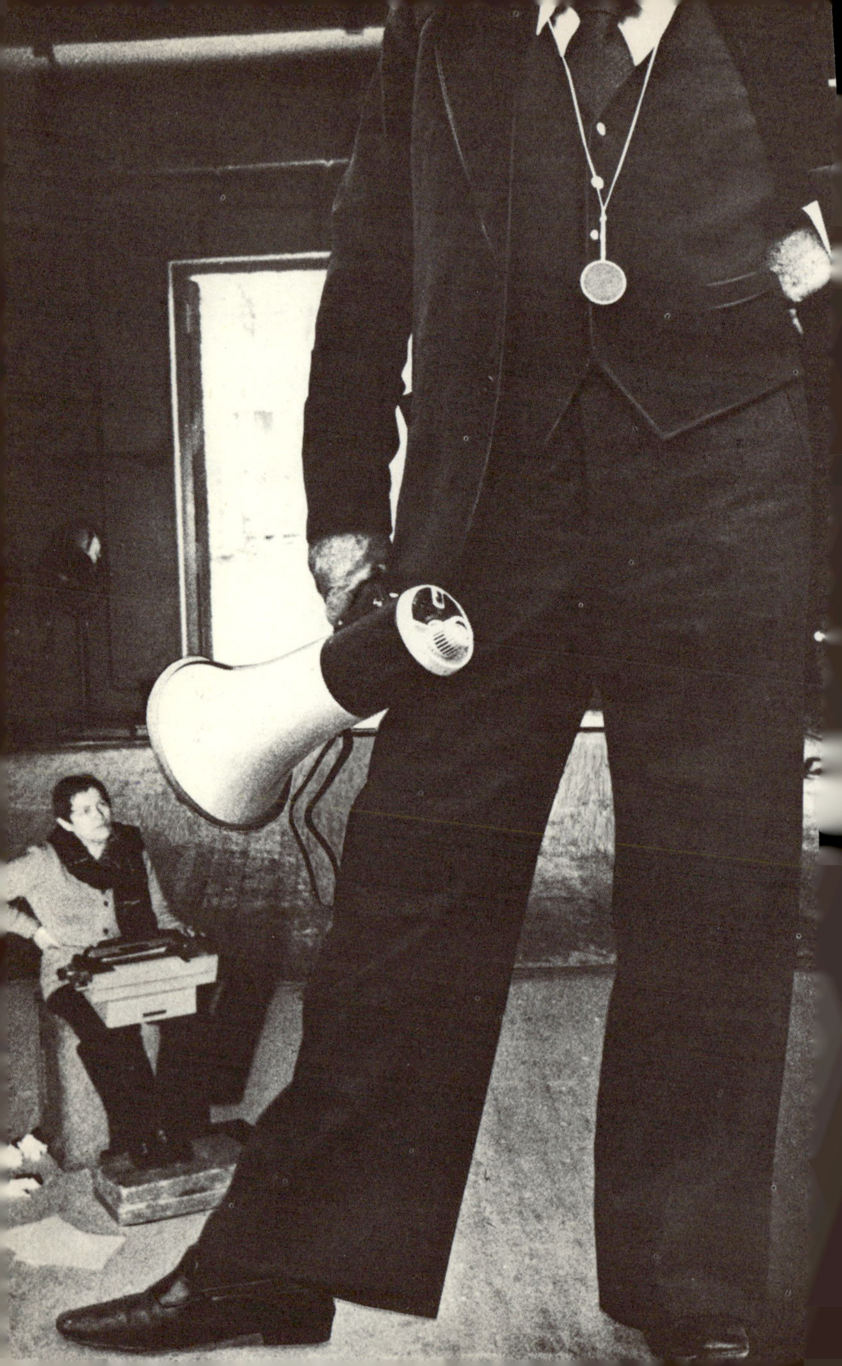

Liliana Betti

Fellini

Versuch
einer kleinen Sekretärin,
ihren großen Chef
zu porträtieren
Aus dem Italienischen von
Inez De Florio-Hansen

Mit 80 Fotos
und Zeichnungen

Diogenes

Alle Abbildungen verdankt der Verlag
den Privat-Sammlungen von Liliana Betti,
Federico Fellini und Giulietta Masina

Frontispiz: Federico Fellini und Liliana Betti
Fotomontage von Federico Fellini und Franco Pinna

Alle Rechte vorbehalten
Copyright © 1976 by
Diogenes Verlag AG Zürich
60/76/E/1
ISBN 3 257 01541 0

Inhalt

Der Koffer

Vor etwa vierzehn Jahren kam ich aus einem größeren Ort der Provinz Brescia nach Rom. Ich war 22 Jahre alt und hatte ganz falsche, dafür aber recht genaue Vorstellungen von mir selbst und von dem, was ich machen wollte. Meine Ankunft in der Hauptstadt und die erste Zeit dort sind untypisch: Ich brauchte mich nicht durchzuschlagen, keine Mahlzeit auszulassen, nicht an unzählige, verschlossene Türen anzuklopfen. In Rom war Federico Fellini, und ich ging zu Federico Fellini. In Wirklichkeit ist die Sache nicht ganz so einfach und rasch verlaufen. Meinem Besuch bei Fellini war ein Briefwechsel von über einem Jahr vorausgegangen; den Anstoß hatte meine unerschütterliche, wenn auch gänzlich aus der Luft gegriffene Absicht gegeben, Filme zu machen, Regie zu führen.

Mein erster Brief begann mit einem Aphorismus von Lawrence Durrell: ›Wir suchen immer nach stichhaltigen Gründen für unseren Glauben an das Absurde‹, dessen Sinn mir nicht mehr klar ist, den ich damals jedoch hinreißend fand. Ich erhielt sogleich eine freundliche, liebenswürdige Antwort: Fellini schrieb mir, ich mache ihn neugierig, er würde mich gern kennenlernen. Ich erwähne diese Einzelheit nur deshalb, weil alles Folgende auf einem glücklichen Irrtum beruhte.

Ich hielt Fellinis Antwort nämlich sofort für eine Ausnahme, betrachtete sie ohne Zögern als einen Wink des Schicksals und stürzte mich kopfüber ins Abenteuer. Später wurde mir klar, daß grundsätzlich nur die wunderlichsten, bizarrsten, verrücktesten Schreiber Fellinis Neugier erregen und daß er nur mit ihnen längere Briefwechsel unterhält.

Binnen kurzem ertränkte ich Fellini in einer wahren Briefflut; ich hatte ein regelrechtes Schreibfieber. Fellinis Briefe hingegen, wenn sie nicht im Telegrammstil abgefaßt waren – und das waren sie meist –, beschränkten sich auf zarte, ungeduldige Vorwürfe wegen des schwindelerregenden, gänzlich unbegründeten Intellektualismus' meiner Schreiben, die seiner Ansicht nach ›selbst Freud den Kopf hätten schwirren lassen‹.

Er machte mir Versprechungen, die er im geeigneten Moment zurücknahm: fatalistisch bedauernd, mit einem Hauch von Schmeichelei und voller Ironie.

Ich antwortete hart, mit jener ungestümen Aggressivität, die einem nur möglich ist, wenn man sich nicht persönlich kennt. Er machte erneut vage Versprechungen.

Schließlich reiste ich nach Rom. Und er empfing mich mit den Worten: »Aber warum bist du denn nicht schon früher gekommen?«

Wie alle Menschen, die durch ihre bemerkenswerte Ausstrahlung verwöhnt und daher nicht darin geübt sind, auf dem Gebiet der zwischenmenschlichen Beziehungen auf Eroberungen auszugehen, beschränkt sich Fellini darauf, sich überwältigen zu lassen; wenn dies wirklich unangebracht ist, widersetzt er sich der Gewalt, oder, noch lieber, er entzieht sich ihr.

Zumindest diese Eigenschaft von Fellinis Charakter hatte ich in unserm Briefwechsel nach einem Jahr zu bestimmen gelernt. Wenn man ihn nicht sogleich erkennt und ebensoschnell eine gewisse Immunität dagegen entwickelt, gibt dieser Charakterzug – wie ich es oft erlebt habe – Anlaß zu Enttäuschungen und Ressentiments. Sie verflüchtigen sich zwar sofort dank Fellinis gewinnender Art und seinem höchst geschickten System von Erklärungen und Rechtfertigungen, jedoch nur um neuen Enttäuschungen und Ressentiments oder gar einem anhaltenden Mißtrauen Platz zu machen.

Fellini respektiert Gefühle, Emotionen, instinktive Vorlieben, Wünsche und Stimmungen nur, wenn sie spontan sind. Er erwidert sie mit einem gewöhnlich aufrichtigen Engagement, das aber so vergänglich ist wie sein Anlaß, im Grunde genommen also mit einer Unverbindlichkeit Menschen, Ereignissen und Dingen gegenüber. Da seine Arbeit ihn in den Mittelpunkt eines sehr dichten Netzes von Beziehungen rückt und seine Persönlichkeit instinktiv Zuneigung und Vertrauen hervorruft, wenn sie nicht gar Ansprüche und Forderungen provoziert, ist er unglücklicherweise ein Mensch, von dem man ein dauerndes, echtes Engagement erwartet. Daß bis heute noch niemand Fellini ein Messer in den Leib gestoßen hat oder er das Opfer anderer höchst unangenehmer Anschläge geworden ist, verdankt er der Tatsache, daß er in seiner Unverbindlichkeit im ganzen gesehen aktiver und großzügiger ist als jemand, der sich durchschnittlich engagiert. Denn Fellini ist gutmütig, empfindet eine tiefe Neugier für andere Menschen, und es bereitet ihm daher wirklich Vergnügen, sich mit ihnen zu beschäftigen.

Geschützt durch die oben angedeutete Immunität und von meiner Schüchternheit umgeben wie von einem Glashaus, unterzog ich mich einer Art Lehre, die sechs oder sieben Monate dauerte. Fellini ist sehr langsam, wenn es darum geht, ein Gefühl von ihm selbst, eine Beziehung zu präzisieren; er muß zunächst eine Atmosphäre der Gewöhnung, eine fast körperliche Vertrautheit schaffen.

Die erste Zeit dieser Lehre verbrachte ich ausdauernd und verbissen im Dunkel eines kleinen Tonstudios, wo gerade ›8½‹ synchronisiert und gemischt wurde. Die Begeisterung für den Film, das Staunen über das irgendwie magische Klima, das jede, auch die technischste filmische Tätigkeit Fellinis umgibt, der Enthusiasmus bei der täglichen Entdeckung der Person Fellinis waren so groß, daß beim Versuch, einen Schutzwall dagegen zu errichten, meine Ungeschicktheit einen der Erstarrung nahen Punkt körperlicher Verkrampfung erreichte. Damals mußte ich jedem, der mich still in einem Sessel zusammengekauert und stundenlang unbeweglich wie ein Stein dasitzen sah, wie ein sonderbares, gefügiges Ding vorkommen. Ab und zu kam Fellini und unterbrach diesen freudenreichen Gleichgewichtszustand durch seine so lebhaften Gefühlsäußerungen, durch die er für gewöhnlich sowohl Frauen als auch Männern gegenüber seiner Sympathie Ausdruck verleiht: Umarmungen, Liebkosungen, Küsse. Für das gefügige Ding war das die reine Katastrophe. Glühende Röte zwang mich, den Kopf unter dem Sessel vor mir zu verstecken, um hartnäckig nach irgendeinem Gegenstand zu suchen oder das Gesicht plötzlich in meine Handtasche zu vergraben, um ihren Inhalt zu überprüfen. Ein stummer Raptus unüberlegter, unpassender, oft absichtlich unerklärlicher Gesten verschlang mich wie ein Abgrund.

Wenn Fellini mit mir sprach, mir Fragen stellte oder mich nach meiner Meinung fragte, tat er es mit jener drängenden Neugier, die sich immer die Waage hält zwischen der Freundlichkeit eines Samariters und der spöttischen Grausamkeit eines Sklavenaufsehers. Ich antwortete einsilbig, mit einem verlegenen, breiten Lächeln, durch dessen unmotiviertes Andauern ich den Eindruck einer grinsenden Nulpe gemacht haben muß. Aufs neue von meiner unersättlichen Schreibwut gepackt, antwortete ich dann später zu Hause ausführlich in Briefchen, längeren Schreiben oder Stichwortzetteln.

Nachdem ›8½‹ herausgekommen war, begann ich, Fellini auf langen Spazierfahrten im Auto zu begleiten, die oft damit endeten, daß er mich wie einen Koffer an immer neuen Punkten der Stadt abstellte. So habe ich gelernt, Rom zu sehen.

Am Ende dieser außergewöhnlichen Lehre schlug Fellini mir vor, bei ihm zu bleiben.

Die Chauffeuse

In den Pausen zwischen einem Film und dem nächsten arbeitete ich als Sekretärin bei Fellini. Während der Vorbereitung und der Dreharbeiten eines Films war ich als Regieassistentin oder im Pressebüro tätig. Und viertens arbeitete ich zusätzlich als Fellinis Chauffeuse.

Es ist bezeichnend, daß diese letzte Tätigkeit mich am meisten faszinierte, ganz abgesehen davon, daß ich mich dabei am geschicktesten anstellte. Warum, ist leicht verständlich: Der kleine Fiat 600, den Fellini mir schenkte und mit dem wir in diesen Jahren umherkutschierten, war die Umgebung, in der ich ihn täglich besser kennenlernen konnte.

Im großen und ganzen lebt Fellini fast ausschließlich in Rom, sucht seit Jahren die gleichen Orte auf, sieht immer dieselben Menschen. Dennoch erweckt keiner so wie er den Eindruck eines Reisenden, den man höchstens zwischen zwei Zügen abfangen kann. Selbst wenn er mit Giulietta bei sich zu Hause in Gesellschaft seiner Freunde ist, trägt er jene leicht unsichere Miene zur Schau, als ob er bei sich selbst zu Gast wäre.

In Fellinis normalem Tagesablauf folgen sich in raschem Wechsel eine so große Zahl von Personen, Situationen, Orten, Problemen und Begegnungen, daß jeder andere abends völlig erschöpft wäre. Nicht so Fellini, und dies nicht so sehr, weil dieses tägliche Feuerwerk ihm die passende Gelegenheit bietet, überschüssige Energie loszuwerden, sondern vielmehr weil diese rastlose Lebensweise für ihn die einzige Möglichkeit zum Überleben darstellt, was zum Glück durch eine enorme Dosis an Vitalität begünstigt wird. Wenn man noch hinzufügt, daß Fellini träg ist, über den Film hinaus keine Interessen kennt, keinerlei Hobby betreibt, nicht gern reist, ins Kino oder ins Theater geht, sich nicht für das mondäne Leben interessiert, so wird klar, daß ein beachtlicher Teil der Ereignisse, die sich in seinem Tagesablauf dichtgedrängt folgen, nur einen dynamischen und keinen zweckgerichteten Wert haben, also ziemlich überflüssig sind.

Fellini hat mit der Zeit ein ungeheures Geschick entwickelt, die zwölf Stunden, die er jeden Morgen vor sich hat, ohne Schwierigkeiten einzuteilen; den einzelnen Dingen, Personen und Begegnungen, von denen es in seinem atemberaubenden Tagesablauf nur so wimmelt, gesteht er nur so viel Zeit zu, wie Arbeit, Freundschaft oder Interesse fordern. Es gelingt ihm dadurch vor allem, die Spannung und innere Unruhe, die ihn ständig vorwärtstreiben, auf eine ihm angemessene heilsame Weise zu lösen; würde er den täglichen Rhythmus verlangsamen oder wäre er gar gezwungen haltzumachen, so käme es zu einer Stauung, zu einer Lähmung, von der auch er selbst erfaßt würde.

Viele fragen sich, warum Leben und Arbeit bei Fellini so identisch sind; andere möchten wissen, wie und wann sich Fellini mit einem neuen Filmvorhaben beschäftigt, wann er darüber nachdenkt, wo er doch augenscheinlich keinerlei besondere Gelegenheiten oder Zeiten für diesen Kreationsprozeß vorsieht.

Darauf gibt es nur eine Antwort: Für Fellini bedeutet das unaufhörliche ›Schwimmen von einer Boje zur nächsten‹ die einzige Möglichkeit, nicht unterzugehen, die einzige Möglichkeit, die Ereignisse zu ertragen und zu durchleben. Diese unerläßliche, ermüdende Disziplin gestattet ihm die Eroberung jener relativen Freiheit von sich selbst, in der er diese Ereignisse schöpferisch auswerten kann.

Selbst wenn man mit Fellini in den besten, von Interesse, Sympathie und Enthusiasmus bestimmten Beziehungen steht, hat man – so kann man immer wieder hören – stets das Gefühl, ein Teil von ihm sei woanders, fern, an einem Ort, wo er allein und unerreichbar bleibt. Für sensiblere Naturen kann diese Feststellung frustrierend sein, wenn sie sich nicht bewußt machen, daß die dauernde, leichte Unfaßbarkeit Fellinis der keineswegs frustrierenden Tatsache entspricht, daß eben andere Menschen bei ihrer Zeiteinteilung bestimmte Zeitspannen vorsehen, in denen sie allein sein und sich konzentrieren können. Außerdem sollten sie bedenken, daß die Erhaltung dieses ständig gefährdeten Freiraums Fellini unweigerlich zu einer geistigen Gymnastik zwingt, die in ihrer Zwanghaftigkeit bisweilen sogar komisch wirkt.

Wo die Wurzeln dieser Spannung und Unruhe zu suchen sind, die Fellini zu seiner ewigen Flucht zwingen, ist schwer zu sagen. »Ich halte es nicht länger als zehn Minuten in einem Kino aus, weil ich an einem gewissen Punkt ungeduldig werde; ich fange an, darüber nachzudenken, was in diesem Augenblick gerade auf dem Corso Umberto oder der Piazza

Fellini mit Liliana Betti im Tonstudio

BASF

Indipendenza geschieht, und schließlich packt mich eine solche Neugier, daß ich aufstehe und das Kino verlasse, um nachzusehen.«

Obgleich ich nicht sonderlich eifrig im Beobachten bin, konnte ich doch bei zahlreichen Gelegenheiten feststellen, daß selbst die banalste Wirklichkeit Fellini mit einer außergewöhnlichen vitalen Wucht erreicht, daß seine Aufnahmefähigkeit in dieser Hinsicht stets wach, verstärkt und besonders ausgeprägt ist. Im Gegensatz zu einem Denker oder einem Wissenschaftler, der die Wirklichkeit indirekt mit Hilfe intellektueller oder wissenschaftlicher Studien angeht, ist der unmittelbare, direkte Kontakt, wie ihn der Künstler erfährt, mit einer Art Verbrennung zu vergleichen; für diesen ist er das entscheidende Urerlebnis und daher stets so extrem, gefährlich und Neurosen bildend. Bei Fellini lösen die unbedeutendsten Einzelheiten der vertrautesten Wirklichkeit immer ein ungeheueres Echo aus; die Spannung, die sie hervorrufen, ist so lebendig, daß sie auf die Dauer unerträglich würde. Deshalb stellt sich die Angst (oder Bestürzung), die sie hervorruft, als eine Art immunisierender Antikörper heraus, der Fellini veranlaßt, Rettung und Gleichgewicht im dauernden Wechsel zwischen verschiedenen Realitätsebenen zu suchen.

Ich hoffe, durch diese Ausführungen aus dem Stegreif ist zumindest klargeworden, daß das Provisorische das einzige Element ist, welches Fellini eine relative Entspannung und Ausgeglichenheit garantiert, daß es die förderliche Umgebung ist, in der er am ehesten er selbst ist. Und da es nichts Provisorischeres gibt als eine Autofahrt von einem Punkt der Stadt zu einem anderen oder von Rom nach Fregene, so hat meine Tätigkeit als Chauffeuse meine Beziehung zu ihm am meisten und am vorteilhaftesten beeinflußt.

Dies alles ist ein weiterer Beweis dafür, daß es für ihn einfacher ist, sich zu entspannen, wenn er mit irgendeiner weniger wichtigen oder andersartigen Sache beschäftigt ist, zum Beispiel mit dem Autofahren. Seine merkwürdige Tendenz, mehrere Handlungen nebeneinander herlaufen zu lassen, seine Gabe, gleichzeitig auf verschiedenen Ebenen zu leben, sind auch in diesem Fall die Mittel, durch die er sich auf einem idealen Punkt des Gleichgewichts zu halten sucht. Nur so ist es ihm möglich, nicht von der einen oder anderen Angelegenheit überwältigt zu werden.

Durch das Wort ›Chauffeuse‹ habe ich möglicherweise ein Mißverständnis aufkommen lassen: Fellini ist ohne Zweifel nicht der Mensch, der einen Chauffeur im üblichen Sinn des Wortes braucht. Für ihn ist der ›Chauffeur‹ einfach derjenige, der mit ihm fährt, während er am Steuer sitzt. Fellini ist niemals allein aus dem so menschlichen Bedürfnis heraus, daß es ihm allein nicht gelingt, allein zu sein. Das Alleinsein würde ihn so sehr deprimieren, daß es kein Wohlbefinden der geistigen Kräfte bedeuten, sondern die Qualen der Vorhölle hervorrufen würde.

Beim Fahren verfügt er über ein außergewöhnliches Reaktionsvermögen, kümmert sich nicht um die vorgeschriebene Fahrtrichtung und vollführt Manöver, die den kühnsten Fahrer erschaudern ließen. (So sagte er einmal beim Überwechseln auf einen gelbabgegrenzten Fahrstreifen: »Mach ein ernstes Gesicht! Wir tun so, als wären wir ein Autobus.«) Aber sonst ist seine Fahrweise unbekümmert, ohne verwegen zu sein. Einmal habe ich sie dummerweise als die unvorsichtigste Fahrweise eines Konformisten bezeichnet; das hat er übelgenommen. Außerdem kümmert er sich überhaupt nicht um die elementarsten Bedürfnisse des Motors; er fährt kilometerweit im zweiten Gang und vergißt ganz und gar, die höheren Gänge zu benutzen, oder er legt bei einer Geschwindigkeit von 50 km/h unvermittelt den ersten Gang ein, wohlgemerkt bei einem Auto, dessen Gänge nicht synchronisiert sind. Die Wahl eines bestimmten Fahrtweges wird nie von der logischen Frage nach dem kürzesten Weg bestimmt, sondern von der Sympathie oder Antipathie, die Fellini für bestimmte Straßen und Viertel hegt. Beim Versuch, einer ganz und gar gefühlsmäßigen Vorliebe eine vernunftgemäße Rechtfertigung zu geben, ist er sogar fähig, sich in blutige Diskussionen zu verbeißen.

Wenn jemand anders am Steuer des Wagens sitzt, wird Fellini zu einem unerträglichen Querulanten; er läßt über den Fahrer einen so dichten Regen von Empfehlungen, Aufforderungen, Ratschlägen, Vorwürfen, Ausdrücken des Mißtrauens und der Angst niedergehen, daß dessen Aufmerksamkeit bedroht ist. Er geht sogar soweit, in beleidigender Weise die Fähigkeiten des Fahrers oder gar dessen körperliche Anwesenheit hinter dem Steuer in Zweifel zu ziehen. Er leidet dann an unerklärlichen Anfällen von Konservativismus. Berufsfahrern schenkt er blindes Vertrauen. Frauen am Steuer mißtraut er aus Prinzip.

Wie gesagt, beim Autofahren wird Fellini ausgeglichen, aufrichtig, vertraulich; es läßt seine Erinnerungen hochkommen und belebt seine Phantasie; es ist die produktivste Gelegenheit für Unterredungen mit seinen Mitarbeitern. Eines der üblichen Ziele dieser Autofahrten ist Ostia: »Es kommt mir vor wie Rimini, aber wie ein verwandeltes, erdachtes, steriles, das heißt ein Rimini, welches frei von den aufgestauten Emotionen des wirklichen Rimini ist. Und außerdem ist Ostia so unsagbar häßlich, daß man sich dort sicher, sorglos und geborgen fühlt, denn schlimmer kann es gar nicht werden.«

Die Sekretärin

Leider war meine Tätigkeit als Sekretärin während all dieser Jahre in Tat und Wahrheit eine imaginäre, undefinierbare, jedenfalls war sie nicht das, was man sich im allgemeinen unter dieser Tätigkeit vorstellt.

Es gibt zahlreiche Gründe für den unwirklichen Charakter meiner täglichen beruflichen Tätigkeit. In erster Linie wird Fellinis Terminkalender zu einem großen Teil von unvorhergesehenen Ereignissen oder plötzlichen Einfällen und Wünschen bestimmt. Zweitens besteht für Fellini bei einer Begegnung oder einem Ereignis das Vergnügen vor allem darin, sie zu organisieren oder zumindest zu provozieren. Und drittens ist ein großer Teil von Fellinis journalistischer Tätigkeit ohne konkrete, echte Notwendigkeit. Die Figur einer Sekretärin im traditionellen Sinn ist daher nichts anderes als eine eher groteske Strohpuppe, ein Vorwand für ein psychologisch notwendiges Klima. Viertens ist Fellinis Gedächtnis eine Art Computerzentrale, die alles registriert und aufspeichert, ohne freilich etwas an denjenigen weiterzugeben, der es registrieren und aufspeichern müßte. Der fünfte Grund ist ein Werk des Schicksals und die fatale Krönung der ersten vier: Ich bin von Natur aus genau das Gegenteil einer perfekten Sekretärin. Ich bin unordentlich, ungenau, zerstreut, und nur ausnahmsweise läßt mich mein Gedächtnis einmal nicht im Stich.

Eifer, fieberhafter Tatendrang, zu große Geschäftigkeit, überhaupt jedes Verhalten, welches vom natürlichen Rhythmus der Dinge abweicht, ruft bei Fellini Ärger und Verdruß hervor, im ungünstigsten Fall Schweigen, im günstigsten ein oberflächliches, trügerisches Wohlwollen.

Lügen hingegen, besonders wenn er sie gleich als solche erkennt und in ihrer katastrophalen Entwicklung heimlich beobachten kann, amüsieren ihn köstlich, wie eine einfache Algebraaufgabe jemand erheitert, der diese Materie beherrscht.

Eines Tages beging ich den Fehler, mich aus Übereifer in eine solche Lüge zu verstricken.

Die Suche nach geeigneten Räumen für die Vorbereitung eines neuen Films dauerte schon fast einen Monat; dabei wechselten sich Perioden absoluter Stagnation mit Tagen hektischer, wenig überzeugender Besichtigungen in der ganzen Stadt ab. Jetzt war es jedoch notwendig, endlich zu irgendeinem Ergebnis zu kommen. Gerade der Ernst dieser Notwendigkeit ließ mich ein unbegründetes Schuldbewußtsein empfinden, und so kam es zu folgendem Dilemma.

Fellini und ich waren mit dem Auto unterwegs, um eine Wohnung in der Via Zanardelli zu besichtigen, die wir durch eine Zeitungsanzeige gefunden hatten. Ohne gefragt oder im geringsten aufgefordert zu sein, sagte ich auf einmal mir nichts dir nichts – und dabei log ich schamlos –, ich hätte am Tag zuvor zwei Wohnungen, eine in der Via Palestro und eine andere in der Via Nazionale, angesehen, die jedoch meiner Ansicht nach beide für unseren Zweck ungeeignet seien. Ich hoffte, meine Behauptung hielte sich in einem Rahmen, der den Beweis für meinen guten Willen und gleichzeitig für die Schwierigkeiten, etwas Passendes zu finden, erbringen würde. Aber Fellini zeigte sofort ein ausgesprochen lebhaftes Interesse für die Örtlichkeit in der Via Nazionale. Er sagte, die Straße gefiele ihm, ja sie sei geradezu ideal für die Vorbereitung eines Films wie den, welchen er zu machen vorhabe. Die Via Nazionale war die erste Straße, die er gleich nach seiner Ankunft in Rom gesehen hatte, sie stellte daher in seiner phantastischen Welt die Straße der Fremdheit, des Unbekannten, der Isolation dar, alles Gefühle, die dem psychologischen Klima des neuen Films entsprachen.

Er bohrte nach weiteren Einzelheiten. Er wollte

wissen, auf welcher Höhe der Via Nazionale sich das Büro befände, aus wieviel Räumen es bestehe, wie diese Räume beschaffen seien, in welchem Stockwerk sie sich befänden und ob ein Telefonanschluß vorhanden sei. Ich antwortete unsicher, mit verdächtiger Ungenauigkeit, und mein Wunsch, Fellini von diesem Thema abzubringen war so groß, daß ich, als es darum ging, die Räume zu beschreiben, nicht zögerte, sie in unseliger Übertreibung als baufällig zu bezeichnen. Fellini wunderte sich, daß es in einer solch zentralgelegenen Straße noch derartige Häuser gäbe. Damit war die Angelegenheit zunächst erledigt. Wir besichtigten die Räume in der Via Zanardelli, ohne zu einem Ergebnis zu kommen. Ich wußte, daß Fellini um elf Uhr eine Verabredung hatte, und inzwischen war es zehn Minuten vor elf. Plötzlich beschloß er, das Büro in der Via Nazionale anzusehen. An diesem Punkt hätte ein vernünftiger Mensch alles zugegeben, aber unglücklicherweise war mein gesunder Menschenverstand bei der Vorstellung, in was für ein Dilemma ich mich gebracht hatte, wie gelähmt und ließ mich gänzlich im Stich. Mit übertriebener Ruhe und Gelassenheit wendete ich den Wagen und fuhr zur Höhle des Löwen. Wir parkten in der Nähe der Piazza Esedra und begannen die groteske Suche nach einem Büro, das gar nicht existierte.

Nachdem wir in ziemlicher Verwirrung einige Male auf der linken Straßenseite auf und ab gegangen waren, nahm Fellini mich amüsiert und ungeduldig vor: »Hör mal, Liliana, wenn du ein Lügenmärchen erzählt hast, sag es jetzt; es ist ja nichts Ernstes passiert. Dann hat es halt nicht geklappt.« Ich erwiderte immer gekränkter, daß das Büro, welches ich besichtigt hätte, genau an dieser Stelle gewesen sei, dessen sei ich ganz sicher. Wir nahmen unseren Marsch wieder auf.

Indem ich mich in einer unhaltbaren Sicherheit wiegte, wiederholte ich mechanisch, daß es sich um eine kleine, grüne Eingangstür handle. Wir fanden auch eine, aber es war eben nicht die richtige. Ich erlaubte mir die schüchterne Bemerkung, daß ich von diesem Büro vielleicht nur geträumt hätte. Ich gab mich der trügerischen Hoffnung hin, Fellinis unersättliches, grausames Insistieren durch eine solche für ihn vielleicht befriedigende Erklärung zu erschöpfen. Nichts zu machen. Wir gingen den Gehsteig mehrmals auf und ab, und schließlich klang die absurde Komödie aus, in leisem, gedämpftem Ton, als ob die hervorgerufene Spannung sich verbraucht hätte und keine weitere Entwicklung dulde, als daß ich am Boden zerstört zurückblieb.

Ich gab zu, gelogen zu haben und daß mich die Panik brutal zu dieser Lüge getrieben habe. Mit der Grausamkeit, der Zartheit und der Anteilnahme des notorischen Lügners lachte sich Fellini halbtot bei dem Schauspiel, welches ich nach der vernichtenden Niederlage in meiner verdrossenen, kindlichen Verlegenheit bot.

Erst seit einiger Zeit läßt Fellinis erstaunliches Gedächtnis manchmal etwas nach. Bei den ersten Symptomen stellte sich zunächst eine vage Überraschung, später eine leichte Verwirrung ein; dann versuchten wir, konkrete Maßnahmen zu ergreifen.

Nach verschiedenen Beratungen wurde beschlossen, daß ich nun endlich einen Kalender für Namen, Termine, Telefonnummern und Nachrichten anschaffen sollte, um so, wenn auch nicht die Effektivität meiner Tätigkeit zu garantieren, wenigstens den äußeren Anschein zu wahren. Aber ich habe immer noch keinen. Schon die Versuche, mit irgendeinem Heft (ich notierte alles sorgfältig, vergaß aber, daß ich es aufgeschrieben hatte) endeten so verheerend, daß der Gebrauch eines Kalenders meine Unfähigkeit ein für allemal offiziell bestätigt hätte.

Die Eröffnung des kleinen Büros in der Via della Fortuna beunruhigte mich anfänglich; ich fürchtete nämlich, Fellinis Anwesenheit könnte mich dazu verpflichten, eine feste Arbeitszeit einzuhalten, aber er war wie gewöhnlich sehr feinfühlig und verständnisvoll; im Gegenteil, seine Versuche, meine Befürchtungen zu zerstreuen, waren so großzügig, daß es wahrscheinlich ihnen zuzuschreiben ist, daß das Büro nur wenige Monate existierte.

Ebenso unregelmäßig und zufällig bekomme ich mein Geld. Wenn ich nicht von einer Filmproduktion für meine Tätigkeit als Regieassistentin bezahlt werde (diese Einkünfte gestatten es mir, während meiner unregelmäßigen und unregelmäßig bezahlten Sekretärinnentätigkeit meinen Unterhalt zu bestreiten), beschränkt sich Fellini darauf, mich zu fragen, ob ich Geld brauche. Anfänglich war meine Scheu, überhaupt darüber zu sprechen, ganz unnötig, da Fellini die Initiative ergriff. Aber mit der Zeit verlor ich etwas von meiner Schüchternheit, und auch Federico zeigte sich weniger fürsorglich und aufmerksam.

Als ich vor zwei Monaten bis zum Hals in finanziellen Schwierigkeiten steckte, ging ich vier Tage lang einfach nicht ins Büro. Fellini war über mein vielleicht brutales, aber vernünftiges Argument, ich sei nicht ins Büro gekommen, weil ich nicht dafür bezahlt würde, höchst verwundert und betroffen: »Was du mir da sagst, kommt mir sehr sonderbar vor ...« Er war verwundert und betroffen wie jemand, der derartige Ausführungen nicht begreift und dem ihre Rechtmäßigkeit völlig fremd ist, obgleich sie doch so leicht zu verstehen sind. Diese Episode hat mich endgültig davon überzeugt, daß Fellini mich als eine Tochter betrachtet, bei der es ganz natürlich ist, daß sie umsonst oder wenigstens ohne festes Entgelt im väterlichen Betrieb arbeitet und daß er meine diesbezüglichen Forderungen folglich unangebracht und unverständlich findet.

Das Telefon

Im allgemeinen steht Fellini morgens ziemlich früh auf. Während des Bads tritt zum ersten Mal ein Instrument in Aktion, dem er den ganzen Tag hindurch unerbittlich und wie besessen nachjagt: das Telefon.

Es ist ungemein schwierig zu erklären, was das Telefon für Fellini bedeutet, welche schlechten Angewohnheiten, Abneigungen und Ängste er damit ver-

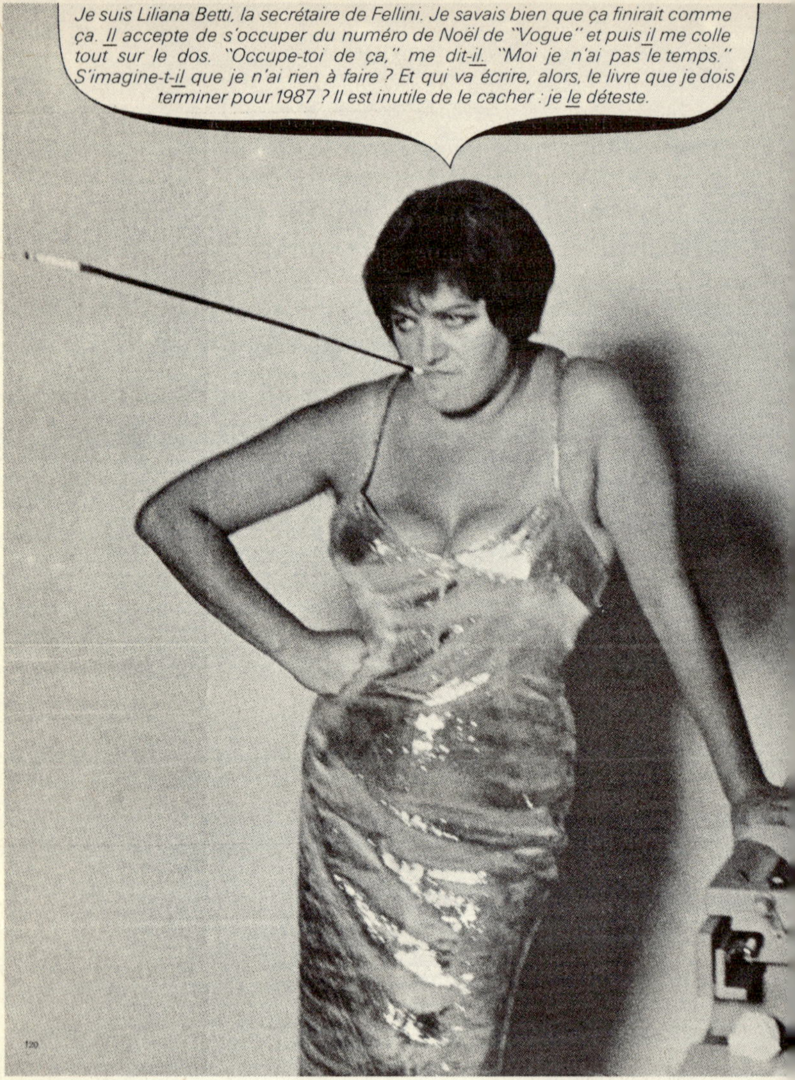

Liliana Betti, hergerichtet von Fellini und Danilo Donati für eine Fellini-Sondernumm der französischen Modezeitschrift ›Vogue‹

Fellini telefoniert und zeichn

bindet oder dadurch sublimiert hat. Man könnte damit einen Band vergleichender Psychologie füllen, eine aufregende Geschichte in der Art Edgar Allan Poes schreiben oder endlose statistische Erhebungen veranstalten. Fellini lebt, indem er telefoniert oder besser: er telefoniert, um zu leben; oder er lebt gar nur von einem Telefongespräch zum nächsten. Fellini ruft dauernd jemand an. Fellini ruft dauernd jemand zurück. Fellini könnte telefonieren, ohne je einen Film zu machen, aber er könnte nie einen Film machen, ohne zu telefonieren. Obgleich Fellini im allgemeinen sanftmütig ist, könnte er für eine Telefonmünze zum Mörder werden. Fellini, sonst so charakterfest und sich selbst treu, würde für ein Telefongespräch Leib und Seele verkaufen. Fellini telefoniert in jedem beliebigen Augenblick: wenn er denkt, wenn er spricht, wenn er liest, wenn er ißt, wahrscheinlich auch, wenn er liebt, und im Schlaf. Fellini könnte von jedem Ort aus telefonieren: unter Wasser, aus dem Operationssaal, aus dem Gefängnis, aus einem Bergwerk, vom Mount Everest, sicher wird er auch aus dem Jenseits telefonieren. Fellini telefoniert ohne Telefon. Fellini telefoniert mit sich selbst.

Wenn Fellini am Telefon hängt, erscheint er wie ein Vampir, der sein Opfer belauert, wie ein Asthmatiker, der nach Sauerstoff keucht, wie ein Frischoperierter, an dem gerade eine Bluttransfusion vorgenommen wird, wie ein Dieb, der seinen Plan noch einmal überprüft, wie ein Spion, der Nachrichten abfängt, wie ein Kind, das ein Rieseneis schleckt, wie ein Unschuldiger, der seine Verurteilung erwartet, wie ein Verbrecher, der sich über einen sicheren, leicht erwirkten Freispruch freut. Am Telefon nährt sich Fellini, am Telefon verausgabt er sich.

Der Gymnastiklehrer

Nach dem Bad, bei dem feuchte Telefonate, Geträller, Schnauben und Deklamationen abwechseln (diese ganze Darbietung zeigt, daß Fellini zu den Menschen gehört, für die der kommende Tag ein Leckerbissen ist), sind Massage und Gymnastik an der Reihe. Nun erscheint Ettore Bevilacqua, der erste des festen Personenkreises in Fellinis Tagesablauf. Bevilacqua ist ein ehemaliger Boxer, klein und vierschrötig, mit einem offenen, breiten Kindergesicht. Eine Kriegsverletzung hat ihm ein trauriges Gebrechen eingebracht: Er ist taub. Diese Behinderung hat er in genialer Weise in eine pittoreske und unverwechselbare Note umzuwandeln verstanden. Bekanntlich gestikulieren taube Menschen viel und sprechen die Worte abgehackt aus. Bei Bevilacqua sind die Gestik und die rhythmisierende tiefe Stimme zu einer sehr eindrucksstarken, geistvollen, poetischen Pantomime geworden; manche seiner Erzählungen sind ungemein treffsicher und von unvergleichlicher Komik.

Bevilacqua hegt eine übertriebene Scheu, eine geradezu religiöse Bewunderung für das Wort im allgemeinen, besonders aber für Eigennamen,

Bezeichnungen von Markenfabrikaten, Werbeslogans und fremdsprachige Ausdrücke. ABBAINO, ANITA EKBERG, OSRAM, LA CASA DEL FORMAGGIO, HOW ARE YOU werden auf Bevilacquas Lippen zu außergewöhnlichen, metaphysischen Lauten. Dennoch hatte ich immer den Verdacht, daß diese rauhen, unersättlichen Wort-Liebkosungen bei einer so einfachen Kreatur von so natürlicher Intelligenz nichts anderes sind als eine zauberische Verhöhnung der menschlichen Sprache mit ihrem beengenden Mangel an Authentizität. Einmal fragte Fellini Bevilacqua ganz unvermittelt: »Welches Wort gefällt dir eigentlich am besten?« Verwirrt und vom Widerhall zahlreicher Worte in Versuchung geführt, sagte er schließlich: »OTTO« (acht). Welch geheimnisvolle Wahrheit!

Bevilacqua ist nicht nur Masseur von Beruf, er ist auch Filmschauspieler (Künstlername: Rector Boileau). An seiner Aufmachung, mit der er dem jeweiligen Modetrend zu entsprechen sucht, kann man leicht erkennen, welches Filmgenre sich gerade besonderer Beliebtheit erfreut. In diesem Augenblick sind sein üppiger Schnurrbart und die zerzausten Haare die augenfällige Huldigung an den Italo-Western. Es ist klar, daß Fellini beim Zusammensein mit einer solchen Persönlichkeit auch zu schauspielern anfängt, so daß die beiden zusammen an die Kopie eines Komikerpaares wie der Brüder De Rege erinnern.

Eines Morgens fuhr Fellini mit seinem Auto voraus, während Bevilacqua in seinem Wagen folgte. Länger als eine Viertelstunde lieferten sich die beiden im dichtesten Verkehr eine anhaltende, wilde Schießerei: Federico wandte sich mit einem Ruck um, zielte und schoß auf Bevilacqua, der tödlich getroffen über dem Lenkrad zusammenbrach, nicht ohne vorher ruckartig gebremst und so einen riesigen Lastzug hinter ihm immer wieder zum plötzlichen Anhalten gezwungen zu haben. Als sie schließlich an einer Ampel halten mußten, sprang der Lastwagenfahrer, ein großer, dicker Kerl, aus seinem Wagen und ging wutschnaubend auf Bevilacqua zu, um ihn wegen der unglaublich gefährlichen Pantomime zur Rechenschaft zu ziehen. Als er das selige Gesicht des schnurrbärtigen Exboxers sah, verwandelte sich der Zorn des Mannes in hysterische Wut, die in Weinen umschlug: »Einen Schnurrbart hast du sogar schon! Und trotzdem machst du noch solche Spiele!«

Verärgert und gleichzeitig geschmeichelt, da ihm diese Unannehmlichkeit durch eine Komplizenschaft mit Fellini entstanden war, erwiderte Bevilacqua in einem Tonfall und mit einer Mimik, in denen er sich besonders gefiel: »Und du, was willst du denn? Weißt du denn nicht, wer das da vor mir ist? Das ist der Regisseur Fellini. Fe-de-ri-co Fel-li-ni! Schon seit 20 Jahren sind wir so am Schießen, er und ich! Was geht das dich überhaupt an?«

Das ist wahr. Seit Jahren macht sich Fellini einen Spaß daraus, Bevilacqua mit Blei zu füllen, der seinerseits haarsträubende Todesarten vortäuscht. Der Kerl konnte also nichts anderes tun, als dies zur Kenntnis zu nehmen und geschlagen in seinen Lastwagen zurückzusteigen.

In der Aufmachung eines mexikanischen Peons massiert, knetet und kneift Bevilacqua Fellini; anschließend geht man zur Gymnastik über. Nun nehmen die Dinge einen gelinde ausgedrückt überraschenden Verlauf: Aus dem Raum, in dem sich die Gymnastikgeräte befinden, hört man Fellinis Stimme in militärischem Rhythmus: »Eins-zwei, eins-zwei, eins-zwei.« Wirft man einen neugierigen Blick ins Zimmer, so bietet sich einem ein Schauspiel, welches das genaue Gegenteil von dem ist, was man erwartet hat: Fellini steht in einer Ecke und beobachtet mit ernster Kennermiene Bevilacqua, der keuchend und schwitzend eine Reihe von Übungen, Bewegungen, Drehungen und Verrenkungen vollführt. So ist auch das enorme Beefsteak vom Rost, das Fellini für die bei den Übungen verbrauchte Energie entschädigen müßte, die gerechte Belohnung für Bevilacqua.

Das Geld

Wenn Fellini nicht zu *ihm* hingeht, dann ist jetzt Remo, der Friseur, an der Reihe, ein geckenhafter, blondlicher Typ von träger, herausfordernder Ironie: Auch er ist eine feste Persönlichkeit in Fellinis Tagesablauf. Zum Rasieren klemmt sich Remo ein prächtiges Monokel ins rechte Auge, was ihm den Ausdruck eines unheilvollen Chirurgen verleiht. Zwischen beiden finden fast täglich unglaublich komplizierte Finanzgeschäfte auf höchster Ebene statt. Die verständlichste Transaktion spielt sich etwa folgendermaßen ab: Rasur, Trinkgeld und Taxi kosten 3000 Lire. Fellini leiht sich von Remo 10 000 Lire und bezahlt ihm davon die Rasur. An dieser unentwirrbaren finanziellen Komplizenschaft mit Remo kann man Fellinis Unzuverlässigkeit in Geldangelegenheiten abmessen. Er hat nie Bargeld bei sich; für seine täglichen Bedürfnisse verwendet er gewöhnlich Schecks, die er mit der gleichen zerstreuten Miene ausstellt wie jemand, der aus Gefälligkeit seinen Namen unter eine Postkarte setzt. Es ist nicht selten der Fall, daß er das Ausfüllen eines Schecks mit folgendem Kommentar in Frage stellt: »Mein Bankkonto dürfte um mehr als das Doppelte dieser Summe ungedeckt sein!« Eine derartige Versicherung würde jeden gewissenhaften Kontoinhaber mit Entsetzen erfüllen, aber Fellinis Bankgeschäfte sind – mit dem Einverständnis der Bank – so elastisch und approximativ, daß er einer Verurteilung wegen Zahlungsunfähigkeit oft nur knapp entgeht.

Im übrigen ist Fellinis Beziehung zum Geld widersprüchlicher und sonderbarer als man es sich vorstellen kann.

Er weiß Geld sehr wohl zu würdigen; er weiß stets, was und wieviel er will. Andererseits hindert eine absolute Distanz, eine gleichsam unheilbare Abgestumpftheit ihn daran, mit Geld genauso vertraut umzugehen wie andere Menschen; die Leichtigkeit, mit der er das Geld aus der Tasche zieht, wie er es hinstreckt, wie er es in Empfang nimmt, wie er darüber spricht, bezeugen das Gefühl der Fremdheit, das ihn von diesem Element trennt: Er amüsiert sich wie ein Kind beim Spiel mit Zahlenkombinationen, Transaktionen und Kennworten. Er hat keinen Sinn für Eigentum und bedient sich fremden Eigentums mit umwerfender Ungeniertheit.

Im allgemeinen zahlt er das geliehene Geld zurück; in einigen Fällen jedoch weigert er sich hartnäckig, eine Schuld zu begleichen. Niemals sollte man seiner trügerischen Frage »Was bin ich dir schuldig?« vertrauen. Ziemlich sicher folgt darauf der Vorschlag: »5000 Lire? Gut. Dann gib mir noch 5000, dann schulde ich dir 10 000.«

Er hegt eine Art ängstliche Scheu vor weniger markanten Summen wie 5000, 40 000 und 75 000 Lire. Vielleicht handelt es sich dabei um Kristallisationen von Verzicht und Wünschen aus der Zeit, als er noch nichts besaß.

Er kennt die Bedeutung des Wortes ›Vorschuß‹ nicht. Geld, das er schon bekommen hat, ist für ihn, als wäre es nie dagewesen, und jede Verpflichtung, die ihm zu gegebener Zeit daraus entsteht, ist ihm unverständlich.

Ein Beispiel. Es ist fünf Uhr morgens. Nach einer Nacht im Gebäude der Technicolor begibt sich Fellini in Begleitung des Rechtsanwalts Mattia, eines kleinen, scharfsinnigen und geduldigen Mannes, zur Post in der Nähe von S. Silvestro. Er weckt zu dieser Stunde einen hohen Beamten und bittet um eine juristische Auskunft. Anschließend füllt er ein Telegrammformular aus, um Rizzoli seinen endgültigen Entschluß mitzuteilen, *Julia und die Geister* nicht zum Festival nach Venedig zu schicken. Nachdem er dem Postbeamten nachdrücklich ans Herz gelegt hat, daß er das Telegramm als ›dringend‹ aufgeben möchte, fragt er Mattia unvermittelt, wieviel Kleingeld er bei sich habe. »3000 Lire«, lautet die Antwort. »Ich habe 5000, 5 und 3 macht 8000, mal sehen . . .« Als er hört, daß die Gebühr für das Telegramm 9500 Lire beträgt, wendet er sich an den Beamten und berichtigt: »Dann geben Sie es halt normal weiter.« Die Verwunderung des Beamten bringt deutlich die Paradoxie der Situation zum Ausdruck: ein Telegramm, dessen Inhalt wieder einmal eine Zeitungskampagne auslösen wird, dem aber sein berühmter nächtlicher Absender die nötige Dringlichkeit nicht garantieren kann.

Die Post

Fellini liest ohne Unterschied sämtliche Briefe, die er erhält, mit der Neugier und der Ungeduld eines Menschen, der schon immer auf eine Botschaft, eine Offenbarung wartet, die bisher noch nicht eingetroffen ist. Die erste Durchsicht eines Briefstapels endet mit der sofortigen Vernichtung einer guten Hälfte der eingegangenen Post. Den Rest behält Federico einige Tage unschlüssig in der Tasche. Bei der zweiten Durchsicht verschwindet fast eine weitere Hälfte, und nach der dritten bleiben schließlich einige Briefe übrig, auf die er dann antwortet. Daher besteht die Erledigung der Korrespondenz für mich oft darin, daß ich dem Schauspiel beiwohne, wie Fellini einen Brief nach dem andern zerreißt.

Er behauptet, daß diese unkontrollierbare Zerstörungswut, die vor nichts, auch nicht vor Fotografien, Drehbüchern und Zeitungen haltmacht, auf seinen ›Diebeskomplex‹ zurückzuführen sei, das heißt, er will keinerlei Spuren hinterlassen. Ich glaube, daß es sich auch dabei um jenen Aspekt des Provisorischen handelt, den er zu bewahren sucht und durch das harmlose, aber doch bindende Aufbewahren einiger Briefe zerstört sähe. Ich für meinen Teil folge seinem Beispiel und meinem Hang zur Ungenauigkeit und mache bei keinem Antwortschreiben eine Durchschrift zum Aufheben, was schon oft zu verwickelten und peinlichen Situationen geführt hat.

Man könnte Fellinis Post folgendermaßen unterteilen: Ein großer Teil enthält Einladungen aus allen Teilen der Welt zu Festivals, Vorführungen, Retrospektiven, Konferenzen, Symposien, Prämierungen, verschiedenen Zeremonien und Veranstaltungen, zu Cocktailpartys, Festlichkeiten, zu Orgien gar, zu Gipfeltreffen, Einweihungsfeiern und Taufen. Wenn Fellini allen diesen Einladungen Folge leisten wollte, müßte er den Rest seines Lebens in Flugzeugen, Zügen und Hotels verbringen. Vor einigen Jahren kündigte eine New Yorker Tageszeitung an, Fellini käme zu einer Reihe von Konferenzen nach Amerika. Diese Falschmeldung löste eine Art Virus aus: Alle Universitäten und Colleges der Vereinigten Staaten luden Fellini zum Besuch ihrer Institute ein.

Tokio. Im Augenblick ist die japanische Hauptstadt turnusgemäß die ›Stadt der Leinwand‹. Also schreibt Fellini: »Ich muß nach Tokio abreisen.« – »Zu diesem Zeitpunkt werde ich in Tokio sein.« – »Wenn ich aus Tokio zurückkomme.« Je weiter entfernt und je exotischer die ›Entschuldigungsstadt‹ ist, um so glaubwürdiger ist sie nach Fellinis Ansicht und um so unerschütterlicheren Respekt flößt sie ein. In einem Crescendo, das Fellini beinahe als rastlosen, unersättlichen Weltenbummler erscheinen läßt, folgten aufeinander: Hamburg, London, Rotterdam, Rio de Janeiro, Afghanistan, Mexiko, Miami Beach, die Fidschiinseln und andere Orte am Ende der Welt.

Seine Art zu reisen besteht darin, es andere glauben zu machen, als ob ihre Überzeugung, er befände sich an diesem Ort, dazu beitrüge, wenigstens in der Illusion das zu verwirklichen, woran ein natürliches Desinteresse und seine Trägheit ihn hindern. In Wirklichkeit beschränkt sich sein so geheimnisvolles, unübertroffenes Vagabundentum auf das Dreieck Rom-Fregene-Ostia und einige höchst seltene Abstecher nach Viterbo.

Ein anderer, sehr beträchtlicher Teil der Korrespondenz besteht aus Bitten: um Probeaufnahmen, Arbeit, Geld, Wohnungen, Ratschläge, Urteile, Reisen, Perücken, Autos, Autogramme, Referenzen und Empfehlungen oder auch nur um eine Antwort. Oder aus Angeboten: Drehbücher, Ideen, Patente, Ratschläge, Urteile, Mitarbeit, Beleidigungen, Drohungen, die Tochter, Grundstücke, Geständnisse, Biographien, Liebe, mysteriöse anonyme Warnungen, Briefmarkensammlungen, spiritistische Sitzungen, Gastfreundschaft, verwandtschaftliche Beziehungen, Lourdeswasser.

Als Beispiel hier einige Briefe, wie Fellini sie täglich erhält. Obgleich die Auswahl nicht unbedingt repräsentativ ist, kommen darin doch die Faszination und die Lebendigkeit dieser phantastischen Literatur zum Ausdruck.

Rom, den 21. März 1971

Verehrter signor Fellini,

ich bin ein Junge von 8 Jahren und möchte Clown werden, meine Mutter ist einverstanden, können Sie mir irgendwelche Informationen über Zirkusse und das Leben der Clowns geben?

Vielen Dank
und hochachtungsvolle Grüße
von Ihrem Bewunderer
Ferdinando

(bitte, schicken Sie mir eine Antwort)

Turin, den 13. März 1967

Ich, der unterzeichnete J. T. bezeigt Euer Hochwohlgeboren und Eurer Familie seine Ehrerbietung. Ich habe die Ehre, Ihnen mitzuteilen, daß ich Tragödien, Komödien und Filmerzählungen geschrieben habe, die alle Produzenten und Registeure* der Filmkunst in Erstaunen versetzen. Sie tragen folgende Titel: ›Nächtliche Tragödie in Rom: Doppelmord an der Comtesse Rebecca‹, die vom Hausarzt in

* Hier und in der Folge entsprechen die Schreibfehler denen des Originals. Anm. d. Übers.

ihrer Villa an der Via Appia Antica erwürgt und – Tragödie der Tragödien – vom Chef der New Yorker Geheimpolizei Jean Ringo aufgefunden wird. ›Mord an der kleinen Butterfly in Trastevere‹. ›Die principessa Violette Imperial, die zweimal lebte.‹ ›Die Feinde fürchteten ihn, und eine Tsetsefliege tötete ihn‹. ›Die Eiche‹. ›Die Entdeckung der Schlangengrube unter Castel Sant'Angelo‹. ›Liebe, Brot und Melancholie‹. ›Die Bersagliere‹. Die wegen des großen Apostolats der Bersagliera, die sich im notleidenden Indochina die Märtyrerkrone erworben hat, auch im Vatikan den ersten Preis machen würde. ›Die Märtyrerkrone für eine amerikanische Schauspielerin‹. Sie sind geschrieben vom unterzeichnenden Ex-Mönchlein, Sohn des Hlg. Franz von Assisi.

Wenn Sie etwas davon haben wollen, bin ich gern bereit, sie Ihnen in italienischer und englischer Sprache, für die Vereinigten Staaten geeignet, zu zuschicken.

J. T.

Brescia, 11/5/1970

Sehr verehrter signor Fellini,

ich bin mehr als nur eine Ihrer Anbeterinnen, ich schreibe Ihnen, um Sie von meiner Idee in Kenntnis zu setzen, daß ich Ihnen einen Film vorzuschlagen hätte: Sie werden ihn dann natürlich entsprechend umformen. Also dieser Film würde mein Leben behandeln. Und ich wäre schon imstande, in diesem Film die Hauptrolle zu spielen, denn ich und eine

Freundin von mir haben schon geprobt, und es hat hervorragend geklappt!!! Und wir haben damit fast 300.000 Lire für die Mission gesammelt. Ich wäre bereit, nach Rom zu kommen, aber Kost und Logis müßten jedoch einbegriffen sein, da ich nicht aus so reichen familiären Verhältnissen komme. Mein Papa arbeitet, aber das Geld reicht trotzdem nie, und so hätte ich beschlossen, mir auf diese Weise etwas dazuzuverdienen, um es nach Hause zu schicken.

Ich bin 16 Jahre alt, und man sagt, daß ich auch hübsch bin. Also den Film möchte ich so beginnen lassen: Angefangen mit meinem Leben zu Hause, wo ich Freundinnen in der Schule treffe und mich bei meiner Rückkehr immer vor meinem Papa fürchte, weil er so böse ist und Mamma schlägt, daß er mich wegen meiner Verspätung von 10 Minuten anschreit. Immer in der Angst, daß ich meine Mamma tot vorfinde, ermordet von meinem Papa.

Dann das Leben in der Schule, und das wird ein schlimmes Ende nehmen, denn wegen eines Streits mit den Mädchen trinke ich ein Bleichmittel, und so mußte ich ins Krankenhaus und habe das Abschlußzeugnis der ›terza media‹* nicht geschafft.

Und so wird mein Papa mich arbeiten schicken, wenn ich mir nicht Essen und Schlafen suche. Hier in C. (Brescia) kenne ich einen Jungen aus sehr reicher Familie, der Paolo heißt, ich gehe aus, und so nach und nach entdecken wir, daß wir uns lieben.

Aber mein Papa will nichts davon wissen. Und so fange ich an zu verstehen, daß er mich nicht lieb hat. Und ich hasse ihn!!!

* Abschlußklasse der normalen italienischen Schulbildung

Das Ende weiß ich dann nicht, das werden Sie schon finden.

Hochachtungsvoll!
Maria B.

Freiburg, den 7. Juli 71

Ich wende mich mit einer etwas ungewöhnlichen Bitte an Sie: Ich wäre Ihnen dankbar, wenn Sie mir mitteilen könnten, wo die Außenaufnahmen zu dem Film ›8½‹ gedreht wurden und in welcher Stadt sich der Bahnhof befindet, der im Film zu sehen ist.

Mein Mann interessiert sich leidenschaftlich für die Eisenbahn, und der Bahnhof in diesem Film hat ihn so beeindruckt, daß er beschlossen hat, ihn während unseres Sommerurlaubs in Italien aus der Nähe anzusehen.

In der Hoffnung auf eine baldige Antwort verbleibe ich mit vielem Dank

Albertina H.

Varese, den 9. Sept. 68

Seit 13 Jahren ertrage ich schon die furchtbare Quälerei und Sklaverei dieser Hyäne von Schwiegermutter und ihrer Supertochter, der mir angetrauten Frau. Nach einer endlosen Reihe von Ränken und Streitereien hat sie unlängst auch ihre Pflicht verweigert, mit ihrem Atompilz hat sie das Urteilsvermögen derer herabgesetzt, die über sie richten sollten, so daß sie mich zu der grausamen Rolle des Proformaehemannes verurteilt haben; aber jetzt sage ich Schluß, und ich werde bis zum letzten Blutstropfen kämpfen, um sie endgültig von dort wegbringen zu können. Sicher werden Sie einen Film von weltweitem Ruf auf die harte Wirklichkeit gründen, der auch das Bewußtsein des männlichen Geschlechts gegenüber der hinreichend bekannten Arroganz des schwachen Geschlechts stärkt, das gegenwärtig dabei ist, das starke Geschlecht völlig zu unterjochen. Und nach gut 10 Jahren, in denen ich mich ihr nicht mehr genähert habe, hat sie es sogar fertiggebracht, mich vor Gericht zitieren zu lassen, um einen Sohn mysteriöser Herkunft anzuerkennen, und gerade das hat das Maß vollgemacht, und sie sagte immer, sie sei keusch, anständig und verwirkliche die Musterfamilie???

Der Film sollte, wenn es Ihnen passend erscheint, den Titel: ›Wirklichkeit der Liebe in unauflöslichen Banden‹ tragen. Wenn Sie es für angebracht halten, benachrichtigen Sie mich mittels Telefon, und ich füge auch die Briefmarken bei. Wenn Sie innerhalb von 13 Tagen nicht Ihre Zustimmung geben, so zähle ich bis zum heutigen Tag aufgrund Ihrer Persönlichkeit und Ehre darauf, daß Sie meinen vorliegenden Brief vernichten.

R. C. B.

Filmidee
Titel

1 + 1 = LSD

Eine junge Frau, des bisherigen Lebens (Haushalt und Ehemann) müde, beschließt eines Tages, sich den Drogen zu ergeben. In der Tat: Nachdem sie sie sich von einigen befreundeten Dealern verschafft hat, nimmt sie eines Abends, als sie allein ist, eine hohe Dosis, und wie im Traum, wird sie die Hauptgestalt eines schrecklichen Erlebnisses.

Sie sieht sich dabei in einer Science-fiction-Umgebung, wo sie Beziehungen zu einem nicht näher bestimmten Monsterwesen hat. Ein Mittelding zwischen Mensch und Tier. Aus dieser blutschänderischen Verbindung (die übrigens nur wenige Stunden dauerte) wird eine ebenso gräßliche, halberwachsene Kreatur hervorgehen. Dieses Wesen wird über todbringende Kräfte verfügen. Fähig sein, Grauenvolles anzurichten. Es wird überall, wo es hingeht, moralischen Ruin und schrecklichsten Tod verbreiten. Seine zahlreichen Orgien werden etwas Diabolisches haben: so als wären sie vom Satan in Person und seinem unstillbaren Durst nach Obszönitäten erdacht. Bis die Mutter selbst, von seinem Tun angewidert, ihn mit eigener Hand tötet. Sie wird das Versteck zerstören, in dem sie umgeben von einem kleinen Hofstaat ähnlicher Wesen und perverser Anhänger leben. Und auch sie wird durch den Sturz von einem Felsen den Tod finden. Ein apokalyptisches Erdbeben wird für immer die Tore zu jenem geheimnisvollen Reich voller Unzucht schließen, und in

Zukunft wird es niemand mehr kennenlernen. Die junge Frau erwacht aus ihrem Alptraum. Fast ungläubig geht sie im Haus umher, auf der Suche nach dem Körper des Monster-Sohnes. Aber an diesem Punkt wird ihr klar, daß sie sich dies alles durch das LSD nur eingebildet hat. Bei der Rückkehr ihres Mannes sagt sie kein Wort von ihrem Erlebnis und wenig später (nachdem sie die Drogen weggeworfen hat) schläft sie glücklich ein, in ihrem Ehebett.

ENDE

P. Maria O.

(13/9/69)

Providence – USA
17. Oktober 1969

Lieber signor Fellini,

ich habe Sie im Fernsehen zusammen mit dem Produzenten Mister Levine gesehen. Während der Sendung haben Sie von Ihrer Karriere gesprochen. Auch ich hatte Karriere gemacht, ich schrieb für den Film, ich habe ›Das süße Leben‹, ›8 1/2‹ und andere Filme geschrieben. Nun ist es schon geraume Zeit, daß ich nicht mehr für den Film schreibe, ich bin krank. Um die Wahrheit zu sagen, »ich trinke zuviel.« Im Fernsehen haben Sie gesagt, daß Sie nie Ihre Drehbuchautoren sehen, das ist wahr, ich habe Sie nie gesehen. Und ich habe auch nie einen Pfennig dafür erhalten, daß ich ›Das süße Leben‹, etc. etc. geschrieben habe. Wenn Sie sich mit mir in Verbindung setzen wollen, schreiben Sie an

Ernest E. G.
Providence – USA

Tod eines Hippie

Ich erinnere mich immer an dich, lieber Freund, wie sie dich mit Handschellen gefesselt und von zwei Polizisten fest eingeschlossen von der Straße abführten.

Ich erinnere mich immer an dich, lieber Freund, wie deine Augen lächelnd in meine Augen blickten, die vom Zorn, allein gegen so viele zu sein, gerötet waren.

Du warst weder ein Dieb noch ein Mörder, aber sie hatten bei dir zu Hause ein paar Gramm gefunden.

Am nächsten Morgen warst du in der Zeitung, schwarz auf weiß geschrieben: *Hippie unter Drogeneinfluß.*

Drei Jahre haben sie dir in jenem so sonderbaren Prozeß gegeben, drei allzu lange Jahre, die du sitzen solltest und die du niemals abgesessen hast.

Du warst erst wenige Monate im Gefängnis, als der Wärter dich nicht wie immer durch das Fenster sah; als er deine Tür öffnete, sah er dich auf der Erde in einer Blutlache, vergeblich hat er deinen Körper umgedreht, um dein Herz zu hören, es war kalt, du warst tot.

Auch von deinem Tod stand in der Zeitung als Beispiel für alle, die dem Laster verfallen sind zu rauchen und zwar Sachen, die von ihnen verboten sind.

Erst vor zwei Tagen habe ich unten am Fluß deine Freundin getroffen, die den Sonnenuntergang betrachtete; ich sagte zu ihr: »Ciao, was machst du?«, sie drehte sich ganz langsam um und ihre Augen füllten sich mit Tränen.

Das war keine Frau mehr, sondern nur noch eine Geistergestalt, die darauf wartet, *wieder mit dir vereint zu sein.*

TOD, ICH HABE KEINE ANGST MEHR VOR DIR!

Lieber Fellini,

warum haben weder Sie noch jemand anders einen Film über die unverheiratete Frau gemacht? d. h. die alleinstehende, unberührte Frau von 32–35 Jahren aufwärts? Wie sie lebt, ihre Tabus etc. Haben Sie unverheiratete Schwestern? oder Kusinen?

Cabiria, und die Protagonistin aus ›La Strada‹, Giulietta etc. sind charakterisiert worden, aber die Unverheiratete noch nicht – und machen Sie nicht bei denen halt, die die Lösung aller Probleme in der freien Liebe finden, sondern bei denen, die sich nicht damit abgefunden haben und denen es trotzdem (aus vielen Gründen) nicht möglich ist, ein solches Problem zu lösen. Machen Sie ihn, einen solchen Film, und sagen Sie endlich Ihre Meinung: Ihr Männer, wollt ihr wirklich diese Jungfräulichkeit oder wollt ihr sie nicht? Was erwartet ihr von einer Frau? Warum eine bestimmte Sexualerziehung (oder was man dafür hält) für den Sohn und der völlige Verzicht bei der Tochter? Warum nicht die Eltern entsprechend vorbereiten, die die unverheiratete Tochter im Haus später als eine Strafe empfinden (es sei denn, der Verlobte oder junge Ehemann ist gestorben, oder die Verlobung ist in die Brüche gegangen). Warum zuviel Strenge und zu große Anforderungen auf der einen Seite, und auf der anderen Seite völlige Freiheit für den Mann; und so haben wir die späten Mädchen, die säuerlichen Jungfern oder ›die Töchter irgendeiner Kongregation‹ etc. Sind sie alle in ihre Keuschheit ergeben und davon überzeugt etc. oder sind die anderen, die Lebedamen, zu verurteilen? Auf alle Fälle sollten Sie einen Film für uns machen.

Im ›Leopard‹ waren es die ›Jungfern Lampedusa‹.

Rom, den 15. 3. 1968

Da ich Sie und Ihre Werke glühend bewundere und zur Schauspielerei berufen bin (gegenwärtig spiele ich in verschiedenen Komödien die Rolle der Schelmin, ich bin nicht schüchtern, habe eine gute Aussprache des Italienischen, bin bereit, jede Rolle zu spielen, habe sowohl von vorn, als auch im Profil, in historischen Kostümen, moderner Kleidung und im zweiteiligen Badeanzug eine sehr gute Figur) und da ich bereit bin, jede Rolle zu übernehmen, die Sie aufgrund der Erfordernisse des Drehbuchs für passend halten, wende ich mich an Euer Hochwohlgeboren mit der Bitte, die Güte zu haben, mich zu Probeaufnahmen kommen zu lassen. Gleichzeitig möchte ich darauf hinweisen, daß ich eine ausgezeichnete Figur mit den untenangegebenen Maßen habe:

Größe	1,66m
Brustumfang	85 cm
Taille	65 cm
Hüftumfang	93 cm
Busen vertikal	12 cm
Gesäß vertikal	20 cm
Gesäß horizontal	40 cm
Länge der Beine	81 cm
Schenkelumfang	38 cm
Knieumfang	33 cm
Wade	31 cm
Fessel	19 cm
Länge der Arme	51 cm
Länge der Hände	12 cm

Augen: dunkles Kastanienbraun
Mund: verführerisch (so sagt man)
Nase: normal, leicht nach oben gerichtet
Haare: helles Kastanienbraun, Länge 70 cm
sehr dicht.

Ich verbleibe hochachtungsvoll!
Paola R.

5. Dezember 1965

Sehr geehrter signor Fellini,

ich sehe mich immer in der Rolle der Frau Masina in dem Film, wo sie leiderfüllt weggeht, allein mit ihrem Schmerz, während ringsum Karnevalstrubel herrscht. *Spüchoanalüse*, und doch muß ich Ihnen sagen, daß das, was mich ganz geheilt hat, zwei komische Filme waren, einer mit Totò und die mit Ciccio und Franco Ingrassia, *Spüchoanalüse*. Quält euch ein Schmerz oder ein Mißgeschick? *Sucht die komische Seite,* sie ist wie Medizin, auch für die großen Männer, sie müßten sich, bevor sie eine wichtige Entscheidung treffen, von der komischen Seite sehen. Das Komische entgiftet den Organismus. Haben Sie die fliegenden Untertassen mit Alberto Sordi gesehen? *Alle im Irrenhaus.*

Mit respektvollen Grüßen!
Sabina

S. Angelo in Vado, d. 19. 6. 74

Lieber Federico,

wir kennen uns zwar nicht, aber ich fühle, daß ich Dich duzen kann. Außerdem habe ich Dich durch Deine künstlerischen ›Geburten‹ kennengelernt. Ich schreibe nicht, um Dir unnötige Komplimente zu machen oder interessierte Schmeicheleien zu verkünden.

Ich sage Dir nur, daß es mir wohl tut, Deine Filme zu sehen; und weißt Du auch, warum? Weil in ihnen das Reale niemals festgelegte Grenzen hat, sondern ständig über sich selbst hinausgeht ... auf die einzige Realität zu, die für mich als gläubiger Christ einen Namen hat: Gott.

Ciao
Vittorio

P. S. Schickst du mir ein Foto?

Turin, 18 - 5 - 1966

Sehr verehrter signor Fellini, ich schreibe diesen Brief, damit Sie mir einen Rat in bezug auf meinen Beruf geben.

Ich bin ein junger Mann von 25 Jahren, aus Padova, 1,72 groß, blond, braune Augen. Ich glaube, daß in meinem Fall nur Sie mir einen Rat geben können. Ich komme zur Sache: Von Kindheit an fühle ich mich körperlich und sexuell als Frau; im Alter von 15 Jahren habe ich mich mit dem Einverständnis meiner Eltern einer meinem Fall entsprechenden Behandlung unterzogen, da ich mehr Frau als Mann war. Nun bin ich aufgrund dieser Behandlung fast eine Frau; das Letzte, was noch zu tun bleibt, ist die Operation. Ich arbeite im Augenblick als Fotomodell, und mein Einkommen ist nur gering, es reicht, um mich zu kleiden und zu essen, und, glauben Sie mir, die Garderobe ist aufgrund meiner Arbeit sehr aufwendig, und so konnte ich mein Ziel bisher nicht erreichen. Was ich von Ihnen erwarte, ist vor allem Verständnis; ich bitte Sie, werfen Sie meinen Brief, auf den ich meine ganze Hoffnung gesetzt habe, nicht in den Papierkorb. Wenn es Ihnen möglich ist, geben Sie mir bitte eine Arbeit, die es mir erlaubt, in meiner gar zu heiklen Lage zum Ziel zu kommen. Ich füge zwei Fotos von mir bei, aus denen Sie die Veränderung, die mit mir vorgegangen ist, ersehen können. Ich danke Ihnen

Lorenza M.

Sehr geehrter signor Federigo Fellini,

ich bin ein Mädchen von 15 Jahren, ich heiße Teodora, und Du bist mein Lieblingsregisseur. Ich wende mich an Sie, weil ich gern Filme machen möchte, mein Großvater hatte einen Fotoroman, ich weiß nicht, wer ihm den gegeben hat, bevor er starb, hat er ihn mir geschenkt und sagte: »Nimm, er wird dir Glück bringen.«

Signor Fellini, wenn Sie diesen Roman haben wollen, um zu sehen, ob er Ihnen gefällt, lassen Sie mich es wissen, und ich schicke ihn Ihnen sofort zu.

Alles Gute zum Neuen Jahr
Teodora

D. G. Teodora
Varese

Der Titel des Romans ist ›Paola‹

Città delle Pieve, 27–9–1966

Liebster Fellini,

in dreißig Jahren ist es das erste Mal, daß ich Dir schreibe. *Du bist wunderbar*, und ich bin Dir im Rechtsstreit gegen Ponti nahe. Unter dem Anschein der Zivilisation, des Verständnisses und der Ehrenhaftigkeit wird die Welt von dem alten Gesetz regiert, daß der Stärkere und Mächtigere überlebt.
(ABER DAS WAR EIN ALTES GESETZ)

Heute endlich ein couragierter Mann – BRAVO!

Ich bin dir nahe, denn als ich einem starken, mächtigen Mann sagen mußte: Du bist ein *Scheißkerl*, habe ich es ihm gesagt, und aus Angst, er könnte es vergessen, habe ich es ihm in einem Einschreibebrief noch einmal schriftlich gegeben.

Zwischen einem starken, mächtigen Mann und Deiner INTELLIGENZ, Deiner BILDUNG und Deiner ERFAHRUNG können die Gerichte ... doch nur Dir recht geben.

Wie sie sich sofort einig waren, die Starken und Mächtigen, aber ich wünsche mir trotzdem, daß auch Du sie mit *Scheißkerlen* vergleichst.

Ich umarme Dich und grüße Dich innig, denn bei meiner Freundschaft für Dich habe ich nie irgendwelche Interessen verfolgt.

M. D.

Ich füge Dir einen weiteren Beweis der gemeinen Handlungsweise von Ponti bei ...

(Anmerkung der Autorin: Es handelt sich bei dem Rechtsstreit, von dem der Absender spricht, nicht um Ponti, sondern um De Laurentiis.)

Verona, 1/3/1966

Erhabener Denker,

als Bediensteter des Kaiserlichen Hofes in Wien, konnte ich während einer heiklen politischen Mission im Auftrag einer tausendjährigen römischen Macht beobachten, worauf jene Bewegungen zynischer Gewalttätigkeit, Intrigen, Dramen und schrecklichen Tragödien beruhten, von jenem ruchlosen Verrat ganz zu schweigen, dessen Schrecken und Kriminalität durch die Tyrannei der Habsburger vergrößert worden ist.

Mit den Erfahrungen, die ich in diesem Leben

zwischen den funkelnden Wänden der alten Dynastie sammelte, war es mir möglich, mein Notizbuch mit einer ganzen Reihe wechselvoller Ereignisse anzufüllen, um zu gegebener Zeit einen umfangreichen Band auf die Waage der Wahrheit zu legen, der in seriöser, dokumentarischer Form die große Geschichte jener drängenden, letzten Zuckungen widerspiegeln sollte, die durch die kalte Entschlossenheit eines Despoten, wie es Kaiser Franz Joseph war, bedingt waren.

Da er, auf dem Thron eines ›Erleuchteten‹ sitzend, seinem Enkel, Erzherzog Ferdinand, die bereits erfolgte Mesalliance mit der polnischen Gräfin Sofia Choteck nicht verzeihen konnte, schmiedete er mit der ganzen Verschlagenheit des Pharisäers so lange Pläne, bis es ihm gelang, das hohe Paar serbokroatischen Verschwörern für das verabredete Massaker zu übergeben, welches bekanntlich am 28. Juni 1914 im turbulenten Sarajewo stattfand.

Während ich jedes Ereignis der Reihe nach analysierte, mußte ich mich beim Ausbruch der teuflischen Machenschaften auf die Rolle des Beobachters beschränken und befand mich so gerade in dem Augenblick im Mittelpunkt der schrecklichen Tragödie, in dem das arme Erzherzogspaar die letzten Atemzüge tat.

Als ich dann die Transparenz der Taten und Untaten bemerkt hatte, hielt ich es für richtig, die verbrecherischen Machenschaften in großer Zahl aneinanderzureihen und auch die Einzelheiten, die zunächst gar nicht damit zusammenzuhängen schienen, einzufügen, so daß mein Geschichtswerk von mehr als 1000 Seiten eines Tages beim Leser einen immer erleseneren Geschmack entwickeln könnte, indem die größte Aufmerksamkeit auf die für dieses Blutbad am meisten verantwortliche Persönlichkeit gerichtet würde.

Aufgrund der weltweiten Bedeutung dieser historischen Erzählungen haben mich hervorragende Denker und Dramaturgen von begründetem Ruf ermutigt, nachdem meine Skepsis überwunden war, mich sofort mit Ihnen in Verbindung zu setzen: nur ein so großer Künstler wie Sie kann die bereits erwiesene Universalität des Werkes begreifen und sie daher in einem *gigantischen Film* zum Ausdruck bringen.

Die originäre Wirkung des schwindelerregenden Handlungsablaufs verlangt förmlich jenen Stempel des Genies, so daß ein Künstler von weniger hoher Begabung als Sie nur sehr schwer den wahren Zusammenhang der unzusammenhängend erscheinenden Erfordernisse verstehen könnte, die die erschreckenden kaiserlichen Verbrechen, die zur Zerstörung der mächtigen und stolzen Throne Mitteleuropas führten, mit sich bringen.

In der Hoffnung, daß Sie meinem Werk einen Blick voll Aufmerksamkeit gönnen, verbleibe ich mit dem Ausdruck meiner tiefen Bewunderung

Mirella H.

Vicenza, 7–5–66

Sehr geehrter signor Fellini,

ich bitte um Entschuldigung, daß ich mir erlaube, diese wenigen Zeilen an Sie zu richten. Ich brauche

Hilfe: Ich bitte Sie, sagen Sie nicht nein, der Wunsch, eine *Perücke* zu besitzen, und ich kann sie mir nicht erlauben ... denn ich bin sehr arm. Ich bitte Sie, versuchen Sie meine Stimmung und meine Verzweiflung zu verstehen, und wenn Sie mich verstehen können, verweigern Sie mir diese Hilfe nicht. Ich bin sicher, daß Sie, bei dem guten Herz, das Sie haben, mich aus der Verzweiflung retten. Es ist mein Wunsch, diese »PERÜCKE« zu besitzen, und ich danke Ihnen und werde Ihnen mein ganzes Leben lang dankbar sein. Ich möchte, daß diese Angelegenheit ein Geheimnis zwischen uns beiden allein bleibt. Ich danke Ihnen in ängstlicher Erwartung und grüße Sie

hochachtungsvoll!
Giovanni M.

Verzeihen Sie meine Ansprüche:
Ich füge die Haarfarbe bei
die Kopfform ist die von Jonni Dorelli
es ist dringend

(Unendlichen Dank)

Modena, 15/6/1971

Ich bin ein Schüler der zweiten Klasse. Ich gehe immer ins Kino, um mir Ihre Indianerfilme anzusehen, und sie gefallen mir so gut, daß ich in der Schule immer von Ihnen rede. Daher spricht man jetzt in meiner Klasse nur noch von Dir. Ich bitte Dich, auch im Namen meiner Klassenkameraden, ob Du mir bitte eine von den Ketten schicken kannst, die die indianischen Krieger um den Hals tragen.

Wir werden sie dann in unserem Klassenzimmer aufhängen.

Vielen Dank!
Alberto

Fellini sagt in seinen Antworten niemals und zu niemand nein, er lehnt nie etwas ab, er fühlt sich nie betroffen und ist weder zu ausführlich noch zu deutlich. Er beschränkt sich darauf aufzuschieben, zu versprechen, zu schwanken, zu warten.

Die Wahrheit

Es ist klar, daß diese Praxis nicht auf den Briefwechsel beschränkt bleibt, sondern sich ausweitet und die ganze Ethik von Fellinis Benehmen umfaßt, jede seiner Beziehungen zu anderen bestimmt und schließlich jenen Aspekt seiner Persönlichkeit darstellt, den eine weitverbreitete Meinung, eine bestimmte Art von Boulevardjournalismus in eine Legende verwandelt hat, die irgendwie monströs und gleichzeitig frivol wirkt: Fellinis Gewohnheit zu lügen oder die für ihn charakteristische, ganz persönliche Manipulation der Wahrheit. Selbstverständlich glaube ich nicht, daß ich etwas Endgültiges zu diesem Thema sagen kann, aber ich werde wenigstens versuchen, nicht in jene dumme Haltung eines Komplizen oder Moralisten zu verfallen, die dieses Thema in der Regel hervorzurufen scheint. Die erste Reaktion darauf ist ein lästiger Verlust der Orientierung, denn dieses ganze System von Wechselwirkungen, Beziehungen und Resultaten ist außerordentlich verwickelt, widersprüchlich und schwer faßbar.

Ist Fellini ein gewöhnlicher Lügner mit allem, was zu einer derartigen Definition an Pathologischem gehört, oder ist er ein Individuum, das von seinem angeborenen Hang zum Phantasieren förmlich aufgefressen und so fortwährend dazu getrieben wird, die Gegebenheiten und Erfahrungen der Realität neu zu gestalten, zu erweitern und zu verzerren? Ohne Zweifel gehört er aufgrund seiner Veranlagung zur zweiten Kategorie, und zur ersten dadurch, daß er dieser Veranlagung konsequent folgt. Der Lügner wäre dann eine Art vulgarisierter Erfinder.

Ich glaube, Fellini lügt vor allem aus zwei Gründen: Erstens wegen seiner Schwäche oder seinem Zartgefühl, das ihm nicht gestattet, Streitigkeiten, Unbehagen und Enttäuschungen, deren Ursache er selbst ist, um sich herum zu ertragen. In diesem Sinn bestehen seine Schwindeleien, wie er oft sagt, darin, das zu sagen oder die anderen das glauben zu lassen, was sie gern hören oder glauben möchten. Außerdem, muß man hinzufügen, gehört Fellinis Widerstandslosigkeit zu seinem Bedürfnis, immer eine Tür für irgendeine Entwicklung oder Gelegenheit offen zu halten, und daher denen, die an ihn herantreten, die beschwerliche Freiheit, Bedürfnisse oder Illusionen zu haben, zuzugestehen.

Zweitens aber will sich Fellini ganz konkret Raum und Zeit für die eigene Freiheit sichern und bewahren. Im allgemeinen erreicht man eine solche Freiheit, indem man sich isoliert oder die Freiheit der anderen beschneidet und manipuliert. Da eine der nettesten Arten, über andere zu verfügen, darin besteht, ihnen die Unwahrheit zu sagen, verteidigt sich Fellini also ganz bewußt mit einer angemessenen Ausrüstung an Lügen.

Es kommt manchmal vor, daß Fellini ohne Not oder Nutzen gänzlich aus der Luft gegriffene Lügen auftischt: Mit dem Laster der Lüge ist es wie mit dem klassischen Tanz: Es gestattet keine Pausen, Erholungen oder Ferien, sondern erfordert ein dauerndes, strenges Training.

Zur Ausrüstung des erfolgreichen Lügners gehören ein enormes Reaktionsvermögen, ein ausgezeichnetes Gedächtnis, psychologisches Einfühlungsvermögen und Dreistigkeit. Fellini besitzt alle vier in reichem Maß.

Wenn man ihn darauf anspricht, ist er zunächst sehr erstaunt, dann wird er ungeduldig und schließlich böse: Er lehnt es strikt ab zuzugeben, daß er ein Schwindler ist. Übrigens ist gar nicht einzusehen, warum die Leute sich über einen Lügner so aufregen: Erkennt man ihn nicht, ist er kein Lügner, durchschaut man ihn, ist er harmlos.

Das Essen

Eines von Fellinis täglichen Problemen besteht darin, nicht allein essen zu müssen; noch besser ist es, wenn er viel Gesellschaft hat. Bei der Wahl des Restaurants vertraut er, wenn er nicht gerade das Opfer einer seiner häufigen, vorübergehenden Vorlieben für ein bestimmtes Lokal ist, der Stimmung des Augenblicks, folglich seiner eigenen geheimnisvollen Klassifizierung der römischen Restaurants; oder er richtet sich danach, was für Gäste er eingeladen hat.

Fellinis Lieblingsrestaurant ist das ›Da Cesarina‹, ganz einfach deshalb, weil es dort Cesarina gibt, eine Wirtin aus Bologna, dick mit der aggressiven und undurchdringlichen Miene eines gestiefelten Katers und dem zugleich gönnerhaften rauhen, manchmal auch unhöflichen Gebaren einer emilianischen Regidora*.

Bei Cesarina zu essen, ist etwas Auserlesenes, eine perfekte Handlung. Es ist ganz überflüssig festzustellen, daß Cesarina eine Frau ist: Cesarina ist ein kulinarisches System, eine gastronomische Philosophie, ihre Cremetorte ist nicht mehr einfach Kuchen, sondern eine Meditation, ein Shakespeare-Monolog, ein Lehrsatz des Pythagoras. Es ist nicht nur unnötig, sondern auch unmöglich, genauer zu definieren, was für ein Frauentyp sie ist: Ihre Person ist die Verkörperung der Idee der Marketenderin, der Vorstellung von der Wirtin schlechthin. Deshalb duldet sie nur ungern Frauen in ihrem Restaurant: Die

* (span.) Verwaltungs-, Justizbeamtin

Küche ist für sie eine typisch weibliche Aufgabe und ein Tribut, den sie dem Mann zollt.

Die Cesarina lebt nur in ihrem Restaurant, wahrscheinlich verflüchtigt sie sich draußen oder nimmt ein anderes Wesen an, wie Dr. Jekill.

Fellini behauptet, die Cesarina habe eine echte Beziehung nur zu Paprika, Salsa Verde oder Beefsteak ›alla bolognese‹. Nur ein Künstler, ein Verrückter, ein Heiliger oder ein Gelehrter identifiziert sich so vollständig und auf eine solch schwärmerische Weise mit dem Gegenstand seiner Berufung. Fellini würde es überhaupt nicht wundern, wenn Cesarina in einem Seminar hervorragender Spezialisten neben Einstein, Marcuse oder von Braun säße.

Wird Cesarina aufgefordert, ihre Meinung über andere Restaurants zu sagen, ignoriert sie diese Herausforderung und legt die hochmütige Zurückhaltung eines Papstes an den Tag. Der wiegende Gang, mit dem sie sich dem Tisch eines Gastes nähert, mit dem ernsten, gespannten Ausdruck eines Menschen, der nicht scherzt, weil er einen religiösen Ritus zelebriert, ihr rasches, ständiges Hin- und Hergehen zwischen den einzelnen Tischen, die Länge und die Pausen ihrer klangvollen Worte im Dialekt der Romagna, ihr unerwartetes, einsames Lachen, ihre verächtlichen oder verwunderten Blicke, die Art, wie sie sich diskret Komplimente anhört, die sie erwartet hat, diese ganze Szene von Gesten und Worten ist so sphärisch, autonom und ohne das geringste Bedürfnis nach Kommunikation, wie es andere haben, daß Cesarina zur erfundenen Gestalt wird, die Heiterkeit verbreiten und sofort sympathisch werden kann.

Im Jahre 1938 hatte die Cesarina in Bologna den damals noch ganz jungen Fellini vier Monate lang gratis verköstigt, nachdem sie ihn beim ersten Mal aus ihrem Lokal geworfen hatte, weil er nicht genug Geld besaß, um die Rechnung zu bezahlen. Heute erwartet sie ihn jeden Tag, so wie man auf einen Sohn, einen wichtigen Zeugen oder einen Künstlerkollegen wartet.

Eines Abends lud Fellini zum Abendessen bei Cesarina den schwedischen Regisseur Ingmar Bergman ein, für den er viel Achtung und Freundschaft empfindet, den er irgendwie als Gleichgesinnten betrachtet, auch wenn er dann mit einem Schauder der Fremdheit die neurotische Tiefsinnigkeit, die verzweifelte, düstere Atmosphäre seines letzten Films *Die Stunde des Wolfs* als ›eisiges Sperma‹ bezeichnet. »Er ist sehr sympathisch«, sagt Fellini über seinen Kollegen, »er kommt mir vor wie ein Zahnarzt oder ein Arzt. Er hat ein außergewöhnliches, ein wenig beunruhigendes Gesicht, auf dem linken Auge scheint er blind zu sein, sein gleichsam zu Seife gewordener, gefrorener Anblick läßt einen an einen Freund denken, den man eines Tages plötzlich im Irrenhaus besuchen muß, weil ihm etwas zugestoßen ist, wovon er sich ›rasch erholen wird‹.«

An diesem Abend bei Cesarina also fand zwischen den beiden, die häufig als die bedeutendsten lebenden Film-Regisseure angesehen werden, folgende Unterredung statt. (Die Regie dieses verschmitzten und ungebührlichen Dialogs konnte natürlich nur bei Fellini liegen.) Auf Bergmans Frage nach seinen Plänen antwortete Fellini beiläufig: »Ich bereite gerade einen Film über den Tod vor, und ich hoffe, daß ich in einigen Monaten mit den Dreharbeiten anfangen kann.«

Bergman spitzte höchst interessiert die Ohren. Der Tod war bisher eher seine Domäne gewesen. Fellini fuhr fort: »Vor ungefähr sechs Monaten habe ich eine schwere Krankheit durchgemacht, und da habe ich gedacht . . .«

Von der Vorstellung terrorisiert, an Boden zu verlieren, warf Bergman ein: »Auch ich bin vor einigen Jahren sehr krank gewesen, ich habe geglaubt, nun ist es aus . . .«

Fellini unterbrach ihn jedoch mit geduldiger Festigkeit: »Ja, aber ich wäre beinahe gestorben. Ach was, man kann sagen, ich war praktisch schon tot. Also weiß ich alles über dieses Thema.«

Bergman, in der Luft herumfuchtelnd: »Ich habe mir einmal eine Injektion machen lassen, die eine Art klinischen Tod von fünf Stunden bewirkt hat, und ich bin zu dem Ergebnis gekommen, daß der Tod einfach das Nichtsein bedeutet.«

Fellini, mit polemischem Zweifel: »Fünf Stunden kommen mir ein bißchen wenig vor, um sich eine so sichere Meinung zu bilden. Dazu müßte man schon mit einem Tod von mindestens fünf Jahren experimentieren.«

Fellinis Ungeduld bei Tisch ist regelrecht pathologisch: Kaum hat er ein Gericht bestellt, würde er am liebsten verlangen, daß es als Tischleindeckdich sogleich vor ihm steht. Da dies in der Regel nicht geschieht, gibt es ein unruhiges Hin- und Herlaufen vom Tisch zum Telefon, vom Tisch in die Küche,

Die Betti als Vamp, von Fellini auf die Serviette eines römischen Restaurants gezeichnet

Die Betti historisch kostümiert, schreibend, als Sherlock Holmes, Fred Astaire und als Boxer, gezeichnet von Fellini

Anita Ekberg, gezeichnet von Fellini

wiederholte peinliche Rufe und Aufforderungen an den Kellner, Vorspeisen und Obst, so viel wie eine halbe Mahlzeit, werden verschlungen, Stühle, Besteck und Gläser dauernd unnötig umgestellt, Teller, Brot und Flaschen neu angeordnet. Die einzige Initiative, mit der man solch chaotisches Wüten neutralisieren und beschwichtigen kann, besteht darin, Fellini irgendein Blatt Papier, die Speisekarte des Restaurants oder selbst eine Serviette zu reichen. Er fängt sofort an zu zeichnen, eine Skizze nach der anderen: Die Karikatur eines Freundes, der ihm gegenübersitzt, die zwanghafte Wiederholung eines anatomischen Details oder unentzifferbare graphische Andeutungen. Und die versunkene Hingabe, mit der er zeichnet, ist mehr als bloßer Zeitvertreib: es ist die Haltung dessen, der eine Emotion, den Fetzen einer flüchtigen Vorstellung oder einen allzu aufsässigen Dämon noch im selben Augenblick bildlich festhalten möchte.

Fellinis Speisekarte ist im allgemeinen sehr abwechslungsreich: Er ißt gern von allem ein bißchen. Deshalb sollte man sich durch seine so liebenswürdigen Empfehlungen bei der Wahl dieses oder jenes Gerichts nicht geschmeichelt fühlen; er sorgt dafür, daß seine verschiedenen Gäste verschiedene Gerichte bestellen, damit er sich überall etwas herauspicken und kosten kann. Am liebsten ißt er Fisch, und er wundert sich daher immer über meine Zurückhaltung diesem Gericht gegenüber. Nachdem er sich wieder einmal gewundert hatte, fragte mich Fellini eines Tages ganz unvermittelt: »Du, was bist du eigentlich für ein Sternzeichen?« Ich antwortete, ich sei Fisch und fügte nach einer Pause ziemlich einfältig hinzu: »Also müßte ich Fisch eigentlich gern essen, nicht?« Er folgerte gleichmütig: »Das ist nicht gesagt. Ich zum Beispiel bin Steinbock, aber deshalb ernähre ich mich doch nicht vorzugsweise von Steinböcken.«

Der fanatische Eifer, mit dem sich Fellini jedesmal um die Sitzordnung bei Tisch kümmert, kann als ein unvermeidlicher Auswuchs seines Berufs erscheinen: des Regisseurs nämlich, der organisiert und entscheidet. In Wirklichkeit ist dieser Eifer nur ein Mittel zum Zweck. Das Ziel ist, durch eine geschickte Plazierung der verschiedenen Temperamente und Charaktere ein heiteres Gleichgewicht, eine Art seelischer Harmonie herzustellen. Wenn man später feststellt, daß diese Harmonie, die anfänglich möglicherweise höchst unangenehm und ermüdend für die anderen ist, nicht nur eine Annehmlichkeit für Fellini persönlich darstellt, sondern mit der Zeit die ganze Gesellschaft mit Wohlbehagen erfüllt, kehrt man zur Theorie der *déformation professionnelle* zurück.

Kaum ist der letzte Bissen verschlungen, faltet Fellini die Serviette zusammen und beginnt unruhig zu werden und auf dem Stuhl hin- und herzurutschen: Die alte Unruhe ist wieder da, es ist Zeit, aufzubrechen. Es fragt sich nur, wohin?

Die Frauen

Wenn Fellini von Frauenrechtlerinnen und Antifrauenrechtlerinnen brutal verfolgt, von Journalisten unermüdlich befragt oder von Psychologen gelassen provoziert wird, seine Diagnose zu stellen über die Frau, ihre gegenwärtige Stellung, die Frau in seinen Filmen und sein Verhältnis zur Frau überhaupt zu sprechen, beginnt er fast immer mit der vorsichtigen Feststellung: »Ich habe noch nicht so recht verstanden, welche Beziehung ich zur Frau, zu ihrem Körper und seinen Rundungen habe, die solch sagenhafte Dimensionen annehmen können, daß sie zum Mond, einem Gebirge oder einem geheimnisvollen fremden Planeten werden ...«

Es genügt ein Augenblick, um sich darüber klarzuwerden, daß die Bescheidenheit dieses Geständnisses einen logischen Grund hat: ein Mann, dem weibliche Rundungen als schwebende planetarische Körper erscheinen, *muß in* Schwierigkeiten geraten, wenn er seine Beziehungen zu dieser geologischen Anatomie definieren soll ...

Bei einer bekannten Persönlichkeit, die wie er täglich der Aufmerksamkeit und der Neugier der Leute ausgesetzt ist, ist es zumindest außergewöhnlich, daß keine Geschichten über sentimentale Beziehungen oder Gewohnheiten bekannt sind. Daraus könnte man folgern, daß Fellini entweder kein Liebesleben hat oder aber seine ›privacy‹ mit teuflischem Geschick zu verteidigen weiß. Kennt man Fellini jedoch genauer, stellt man fest, daß beide Hypothesen falsch sind und die Diskretion, die sein Gefühlsleben umgibt, nicht einfach einen Kniff zu seinem Schutz oder den Ausdruck eines bestimmten Stils darstellt, sondern die tiefste Bedeutung, die echteste Natur dieser Gefühlsbeziehungen ausdrückt.

Obgleich die Liebe bei Fellini nicht ohne gefühlsmäßiges Echo und nicht ohne die unerläßliche Beteiligung der Phantasie bleibt, besteht sie für ihn fast ausschließlich im Entflammen, im sinnlichen Erglühen. In diesem Sinn sind Liebe und Arbeit bei ihm zwei Ausdrucksformen der gleichen quecksilbrigen Natur, Episoden, die Lebenskraft in reiner Form freisetzen; deshalb können Liebe und Arbeit nur schwer nebeneinander existieren, ohne zu einer einzigen vitalen Einheit zu verschmelzen.

Eine Liebesbeziehung ist für den Künstler unter psychologischem Aspekt ein Mittel, eine Gelegenheit, an deren äußerster Grenze er sich der Erkenntnis oder wenigstens dem Vorgefühl verschiedener Realitätsebenen und Wahrheiten nähert, die uns im allgemeinen fremd bleiben. So betrachtet der Künstler die Frau, das Instrument dieser Erfahrung, unweigerlich mit jenem verwirrten, heiligen und gleichzeitig brutalen Respekt, den der Geist immer hervorruft, wenn er Gestalt annimmt. Es ist in der Tat kein Zufall, daß dieser besondere psychologische Aspekt in dem Augenblick verlorengeht, in dem die Frau mühsam die eigene Individualität zu verwirklichen sucht.

Fellini sagt oft, in eine gewisse Nostalgie versunken, daß er die romantische Liebe niemals kennengelernt hat, die so viele Dichter besungen haben, und er fügt sofort hinzu, daß ihm hier eine Grenze gesetzt ist, daß dies vielleicht der Schaden ist, den ihm seine katholische Erziehung zugefügt hat, die die Frau durch eine unnatürliche Aufgliederung der Attribute und Funktionen des weiblichen Wesens erniedrigt. Ich glaube hingegen, daß diese Entwicklungsstörung, diese Deformierung sich an einem bestimmten Punkt in natürlicher Weise aus seiner Wesensart ergeben hat. Meine Hypothese mag vielleicht naiv oder romanhaft sein, aber im ganzen gesehen ist ein Künstler wie Fellini ein ganz besonderes, sogar leicht monströses Exemplar Mensch.

Manchmal nimmt Fellinis vampirische Sucht nach weiblichem Plasma die Rhythmen einer in ihrer Gier und Unersättlichkeit komischen Tarantella an: Auf dem Set zum Beispiel versucht er ein Nachlassen oder Versiegen seines Arbeitseifers zu vermeiden, indem er sich unermüdlich Abwechslung verschafft: Bald ist es die liebevolle und herzhafte Umarmung der blühenden Kostümbildnerin oder ein rasches, komplizenhaftes Flüstern mit der Schauspielerin, die gerade an der Reihe ist, bald ein Augenblick ungeteilter Neugier für eine gerade eingetroffene Besucherin oder ein rasches Telefongespräch, um eine wer weiß wie lange gehegte Erwartung mit neuer Hoffnung zu erfüllen, dann wieder eine Umarmung hier, ein Tätscheln dort, ein unverschämter, abgedroschener Witz mit einer Mitarbeiterin, die Einladung eines sympathischen Starlets zum Mittagessen oder eine zarte, aber doch brutal-intime Frage an eine ältliche Komparsin. Die Unschuld dieses unerschöpflichen Rituals wird besonders dadurch gewährleistet, daß es in aller

Öffentlichkeit geschieht, wie die Gefühlsausbrüche von Kindern, und oft mit jener unmerklichen Zerstreutheit, mit der Kinder ihre natürlichen Bedürfnisse befriedigen.

Mit einer Metapher, die eine einfache und möglicherweise auch einzigartige Gewohnheit als Schicksal hinstellt, sagt Fellini dazu: »Es kommt mir so vor, als würde sich mein Leben auf einer Bühne abspielen, auf der von Anfang an schon alles vorhanden ist. Auch die weiblichen Gestalten auf dieser Bühne sind schon immer da. Meine Aufgabe besteht lediglich darin, einen Scheinwerfer zu verrücken, ein Detail auszuleuchten oder eine Kulisse zu korrigieren.« Diese fortschreitende Anhäufung von Beziehungen und Gefühlen, ihr regelmäßiges Entstehen und Vergehen, ohne daß sie freilich jemals ganz verschwinden, dieses Streben also, alle diese Personen im Zauber seiner privaten Lebensbühne zu halten, erfordert von Fellini ohne Zweifel eine beachtliche Disponibilität und Beflissenheit, wenn es leicht und spontan erfolgen soll: ein Seelenleben von erstaunlicher Elastizität, ein psychisches System verschiedener, autonomer Relais, das es ihm gestattet, ohne Nachwirkungen und Folgen von einer Sphäre in die andere überzuwechseln und so jeden einzelnen Augenblick mit absolut echter Intensität zu durchleben. Und außerdem eine Dosis Zynismus und Gerissenheit, die insofern verzeihlich sind, als es sich bei der Zartheit, Großzügigkeit und Notwendigkeit der Selbstverteidigung und des eigenen Schutzes, aus denen sie entstehen, um authentische Gefühle handelt. Es kann also geschehen, daß Fellini auf die ängstlich ins Telefon gehauchte Frage: »Fehle ich dir?« in der ihm eigenen wissentlichen und unfreiwilligen Täuschung des Unterbewußtseins mit unerhörter phonetischer Zweideutigkeit antwortet: »Bolto!«* Oder aber er geht in seiner Gefälligkeit sogar soweit, Übereinstimmungen körperlicher Art vorzutäuschen, um das Komplizentum einer verflossenen Bindung aufrechtzuerhalten oder die Illusion eines möglichen Neubeginns zu nähren: »Auch ich hatte gestern genau zur gleichen Zeit eine schreckliche Leberkolik; die ganze Nacht ging es mir auch so schlecht!«

In einem Interview sagte Fellini: »Der wahre Wert der Frau oder des Mannes, der Sinn ihrer Begegnungen und ihrer gegenseitigen Gefühle, wie auch aller anderen Dinge, bekommen für mich echte, tiefe Bedeutung, wenn die Scheinwerfer auf dem Set angehen. Dann erfüllt mich alles mit Begeisterung, und alles ist mir klar und verständlich. Außerhalb dieses Bereichs ist für mich alles verwirrend, und ich mag keine Meinung äußern, keine Urteile aussprechen.« Von meinem persönlichen, unausrottbaren Zweifel abgesehen, daß diese Unterteilung überhaupt nicht existiert – das Leben selbst ist für Fellini ein gigantischer, wilder Set –, kann diese Unterscheidung nicht so deutlich sein, wie er es sich vorstellt. Fellini hat mich immer besonders durch seine Fähigkeit beeindruckt, sich neben dem gefühlsmäßigen Interesse, der neuentflammten Leidenschaft für eine Frau eine diagnostische Schärfe, einen kritischen Abstand zu bewahren, dessen Triebfeder immer und vor allen Dingen der Humor ist. Oft bereiten ihm

* Verballhornung von ›molto‹

Claudia Cardinale in ›8½‹

Fellini mit Marcello Mastroianni und Sofia Loren auf dem Set von ›8½‹

Anouk Aimée und Sandra Milo in ›8½

Anita Ekberg in ›8½‹

/2‹. Fellini spielt Mastroianni vor

garettenpause in ›8 1/2‹

die gleichen Aspekte, die gleichen körperlichen und seelischen Charakteristika, die ihm eine Frau anziehend erscheinen lassen, ein heiteres, respektloses Vergnügen, rufen in ihm übertrieben komische Bilder wach und begünstigen jenes beißende, kritische Bewußtsein, welches wider Erwarten das Gefühl für die Frau, die deren Zielscheibe ist, nicht abschwächt, sondern sogar noch verstärkt. Wer weiß, ob diese allgemeine Anteilnahme Fellinis – sei es nun als Mann oder als Show-Mann – am Leben und an den Mitmenschen überhaupt der Grund oder die Wirkung seines totalen Mangels an Romantik ist, jenes weichen und virulenten Mitgefühls, mit dem er an Menschen und Dinge herangeht und jenes besonderen, ganz zarten ›schöngeistigen Bedauerns‹, welches sein sicherstes und wirksamstes Mittel zu sein scheint, in die undurchsichtige, kompakte Realität einzudringen.

In Wirklichkeit ist es schwierig, in Fellinis weiblichem Universum – für ihn immer etwas ›Süßes und Konfuses‹ – das Erbe einer falschen, unrealistischen Erziehung von dem ungewöhnlichen, phantastischen Erbe des Künstlers zu trennen: jene schwankende Irrealität nämlich, jene gewaltige Verflüchtigung, welche die typische Begleiterscheinung der träumerischen Aktivität sind und deren täglicher Rhythmus bei Fellini noch bewegter ist.

Zum Schluß eine ebenso wirkungsvolle wie auch subjektive Theorie: Ein Mensch, der sein Leben so vollständig mit seiner Arbeit identifiziert, muß notwendigerweise ein peripheres, unerhebliches Privatleben haben oder aber er muß es sofort und uner-

Marcello Mastroianni als Guido in ›8½‹

müdlich in seiner schöpferischen Werkstatt auswerten. Auf mich hat Fellini immer den Eindruck einer großartigen Apparatur gemacht, die mit höchst empfindlichen Antennen ausgestattet ist, die alles im Umkreis registrieren; den Eindruck einer Anlage, die das, was die Antennen aufgenommen haben, auswertet und umsetzt. Was einer solchen Apparatur an Persönlichem widerfahren kann, bezieht sich wahrscheinlich nur auf ihren guten Zustand und ihre Funktionsfähigkeit.

Giulietta

Das ganz und gar unerläßliche Wesen, die weibliche Gegenwart, die den dauernden Zusammenhalt der Apparatur zu gewährleisten scheint, ist Giulietta Masina.

Giulietta, klein und zierlich, hat ein bizarres Temperament, dessen widersprüchliche und sprudelnde alchimistische Zusammensetzung an das Kräuseln des Wassers, an seine unaufhörliche Brechung erinnert. Extrovertiert, lebhaft, schwermütig, sensibel, nachdenklich und euphorisch, verständig und unberechenbar, sentimental und hanswurstig: Das Element, das diese häufig widersprüchlichen Charakteristika verbindet, ist eine sonderbare unmerkliche Abwesenheit, ein ganz leichter Hauch von Trance. Giulietta hat mich immer an eine andere Person erinnert, die mit

Fellini eng verbunden ist: an Nino Rota, den Komponisten, der zu allen Filmen des Regisseurs die Musik geschrieben hat. Als ich erfuhr, daß auch Giulietta sich ursprünglich zur Musik berufen fühlte, kam mir der Vergleich weniger abwegig vor. Im übrigen hat auch Fellinis Benehmen seiner Frau und seinem Freund gegenüber eine sonderbare, vage Ähnlichkeit: das gleiche beschützende und besorgte Verhalten, das freilich eine rätselhafte Abhängigkeit verrät.

Fellini und Giulietta Masina sind seit mehr als 30 Jahren verheiratet. Giulietta hat Fellini zu einigen Filmen, deren Hauptdarstellerin sie auch gewesen ist, inspiriert, und sie hat, wenn auch auf geheimnisvolle und indirekte Weise, die Geschichten aller anderen Filme irgendwie beeinflußt.

Die Wesen, die Giulietta in *La Strada, Die Nächte der Cabiria* und in *Julia und die Geister* verkörpert, zeigen deutlich und schmerzlich Fellinis komplexes, neurotisches Verhältnis zur Frau und damit das aller Italiener seiner Generation. Die Ursachen für dieses unheilbare Scheitern sind seit eh und je dieselben: eine Jugend, die von der Familie beherrscht, durch eine falsche und abstrakte Erziehung vergiftet und durch lächerliche patriotische Mythen zum eigenen Zerrbild wird. Und während dieser so lebensvollen, aber auch von konfusen psychologischen Irrungen trunkenen Zeit war die Bekanntschaft mit der Frau, mit dem Sexuellen ebenfalls eine erzwungene Bekanntschaft, die den Mann zum seelischen Krüppel werden ließ, weil sie in unvereinbare Erfahrungen, das Freudenhaus und die Ehe, unterteilt war.

Cabiria, Julia, vor allem aber Gelsomina sind weibliche Prototypen, die die tiefe Demütigung der Frau bezeugen, die als Opfertier, als ewige Dulderin angesehen wird. Außerdem sind es sprechende Projektionen des männlichen Verlangens nach einer neuen Unschuld, einer größeren inneren Reinheit, einer dem Erwachsenen angemesseneren Moralität. Aber das unverbesserliche grundsätzliche Unvermögen, aus dem diese Projektion stammt, ist das gleiche, das sie dazu verurteilt, stets eine Projektion zu bleiben; daher können diesem unerfüllten Streben in einem Wechsel von immer zerfleischenderen und unlösbareren Widersprüchen nur tiefe Schuldgefühle, Versuche, sich schadlos zu halten, und schließlich aggressivere Gewalttaten folgen.

Giulietta ist eine sensible, wache und gehorsame Schauspielerin, die stets bereit ist, Fellinis Ratschläge zu befolgen. Sonderbarerweise erinnerten die wenigen Streitereien, die sie zum Beispiel während der Dreharbeiten von *Julia und die Geister* hatten, weniger an die zwischen Schauspielerin und Regisseur, als vielmehr an die verborgenen Gefechte zwischen Figur und Autor; folglich berührten sie in ihrem Fall auch ihre Rollen als Ehemann und Ehefrau näher: Giulietta bestand zum Beispiel darauf, bestimmte dramatische oder pathetische Züge der eigenen Rolle zu betonen, während Fellini dies ungeduldig, streitsüchtig und somit schon in Schuld ablehnte.

Fellinis Beziehung zu Giulietta wird von den festgelegten und einfachen täglichen Gewohnheiten der indiskutablen Verbindungen bestimmt, d.h. jener

Verbindungen, bei denen die Gründe für das Zusammenbleiben unerklärlicher und doch relevanter sind, als die ins Auge fallenden, nebensächlichen Motive, die zu einer Trennung veranlassen könnten. Die dynamische Substanz solcher Beziehungen kann bereits erschöpft sein, ohne daß sie selbst sich erschöpften. Im Gegenteil: Für beide Partner können sie nach einem riskanten Übergang zu unersetzlichen Strukturen, die der eine vom anderen übernommen hat, zu Antworten auf Bedürfnisse, die man nicht unterdrücken oder jedenfalls nicht befriedigen kann, zur geheimnisvollen, bisweilen harten Disziplin werden, die häufig zu einem erfüllten Schicksal führt Für eine im wesentlichen gierige und schwärmerische Natur wie Fellini ist Giulietta der solide Kern, der feste Halt, der seine Integrität garantiert.

Giulietta besuchte uns einmal während der Dreharbeiten zu *Satyricon*. Sie kommt fast nie auf den Set; trotzdem stehen der Set eines Fellini-Films und Giulietta ständig durch die zahlreichen Telefongespräche, die Fellini mit seiner Frau führt, in Verbindung: kurze Telefonate, rasch hingeworfene Grüße, Ratschläge oder Fragen im Telegrammstil, die nur das Bedürfnis, ihre Gegenwart zu spüren, zu wissen, daß Giulietta da ist, verbergen.

An dem Tag, als sie uns besuchte, waren wir gerade mit der Vorbereitung einer der schrecklichen Sequenzen des Films beschäftigt: dem Untergang der Insula Felicles. Wenn man derartige Szenen dreht, ist nur eine ›Klappe‹, d.h. eine Aufnahme, möglich; daher war die Atmosphäre im Atelier vor Erwartung, Neugier, Sorge und Verwirrung aufs höchste gespannt. Giulietta begrüßte uns aus der Entfernung und setzte sich in eine Ecke, zog aus der Handtasche ihr Strickzeug, etwas in Rosa, und begann zu arbeiten, ruhig und gespannt auf das, was um sie herum geschah. Die Arbeiter waren alle auf ihren Plätzen, bereit, die Holzbalken wegzuziehen, die die verschiedenen Bezirke der Insula, die auf der Erde zerschellen sollten, abstützten. In der verkrampften, aber auch von heiterem Zynismus erfüllten Stille – in einer solchen Situation ist man immer darauf gefaßt, daß die Sache schiefgeht – hörte man nur das Surren der Kamera.

Dann begann Fellini mit lauter Stimme die Nummern der verschiedenen Bezirke der Konstruktion aufzurufen, die nacheinander hinabstürzen sollten: »Eins! ... Zwei! ...« Es blieb still, die Bauten rührten sich nicht. Die Bewohner der Insula liefen von Panik erfaßt hin und her, die in dieser heiteren Stille absolut unangebracht war. »Drei! ... Vier! ...« Ein paar Steine kamen träg und unentschlossen angerollt. »Fünf! ... Sechs! ...« Die Insula stand noch ganz unversehrt, unerklärlich widerstandsfähig. Nur an den Stellen, wo sich die zwei Polystyrolblöcke gelöst hatten, sah man, wie die Arbeiter, die riesigen, herumfuchtelnden Mäusen glichen, heftig mit ihren Balken von hinten an die Papierwand, die die Trennung bildete, stießen und sie durch die Schläge gegen die Abstützungen zerrissen, so daß man den Eindruck hatte, das Erscheinen des Grafen von Montecristo stünde unmittelbar bevor.

Ohne ihre Arbeit zu unterbrechen, beobachtete Giulietta neugierig und unsicher das Geschehen.

 Giulietta Masina in ›Die Nächte der Cabiria‹

Anthony Quinn als Zampanò in ›La Strada‹

ulietta Masina als Gelsomina in ›La Strada‹

ulietta Masina mit Richard Basehart (il Matto) in ›La Strada‹

Giulietta Masina in ›Julia und die Geister‹

llini bei den Dreharbeiten zu ›Julia und die Geister‹

Beim dritten Versuch ergab sich die Insula und versank in einen Schlund von Staub und Steinen. Die Komparsen, halbnackte, schreiende Männer, Frauen und Kinder, kamen wie erschreckte Eidechsen aus ihren Schlupfwinkeln hervor. Wenn ihre Panik auch weiterhin ungerechtfertigt war, erschien sie bei diesem Einsturz von Pappmaché doch wenigstens glaubwürdig. Die vom Lärm, Staub und Aufschlagen der Steine erschreckten Pferde stürzten, unfähig, die Fiktion zu durchschauen, aus den Ställen, warfen sich zu Boden, fielen in das kleine Schwimmbecken im Hof, versuchten herauszuklettern und galoppierten verängstigt auf die Kamera zu. Im allgemeinen entschwindet Fellini in solchen Situationen oder er löst sich in Luft auf. Seine unkontrollierbare Eindrucksfähigkeit, wenn es um Pferde geht, lieferte schon oft Stoff für Anekdoten, denn er scheint deren scheues Mißtrauen mit einer Scheu, die für diese Tierart geradezu beispielhaft ist, zu erwidern. Es wäre rein zufällig, wenn die Episode, die man sich in diesem Zusammenhang erzählt, erfunden wäre: Eines Tages bot ein Produzent Fellini einen Blankoscheck an, wenn er ihm einen Western machen würde. Nach Verabredungen und Verhandlungen war man sich schon fast einig, als Fellini beiläufig bemerkte: »Also, es ist doch klar, daß es in diesem Film nur Schaukelpferde geben wird ...« Das Vorhaben scheiterte.

Trotz der gewaltigen Staubwolken, die das Erdbeben aufgewirbelt hatte und trotz des wilden Geschreis der Opfer konnte niemand umhin, ungläubig festzustellen, daß Fellini diesmal bis zum Ende

Giulietta Masina besucht Fellini bei den Dreharbeiten zu ›8½‹

neben der Kamera geblieben war, ruhig, sogar betont gelassen, während sich fast das ganze Team, von wildem Galoppieren und schnaubenden Nüstern verfolgt, in buntem Durcheinander in den Hintergrund des Ateliers zurückzog.

Im gleichen Augenblick nahm Giulietta ruhig und amüsiert die Handarbeit wieder auf, die sie nur für einen Moment unterbrochen hatte.

Diese Episode gibt wohl das genaueste Bild von Fellinis Verhältnis zu Giulietta Masina: Wenn Giulietta in seiner Nähe ist, kann er mit größerer Sicherheit die eigenen beunruhigenden Visionen angehen und sich ihnen freier hingeben.

Die Irrenanstalt

»Willst du mit in die Irrenanstalt? ... Der Leiter der Nervenklinik auf dem Monte Mario hat mir erlaubt, sie zu besichtigen. Nach einer Untersuchung werde ich dann entscheiden, ob ich dich dort lasse oder nicht.« Fellinis Stimme am Telefon klingt heiter und scherzhaft. Ich sage ja, ohne so recht verstanden zu haben, um was es sich handelt.

Wir kommen am ›Ospedale Provinciale S. Maria della Pietà‹* an: ein Name, der sich nicht einmal mehr auf eine Anspielung beschränkt, sondern in der bürokratischen Genauigkeit der Bezeichnung bedroh-

* Provinzspital Heilige Maria von der Barmherzigkeit

lich klingt. Fellini zeigt die ungeduldige Lebhaftigkeit, die gespannte, wache Aufmerksamkeit eines Spürhunds, den man auf eine gute Fährte gesetzt hat. Mich erfüllt der Name der Klinik mit Scheu. Im Gegensatz zu seinen sonstigen Gewohnheiten zieht Fellini bei dieser Gelegenheit seinen schweren Mercedes meinem alten Fiat vor. Wahrscheinlich erfolgt die Wahl ganz zufällig, aber auf mich macht sie den Eindruck einer Sicherheitsvorkehrung, einer Verteidigungsmaßnahme.

Die Irrenanstalt besteht aus ungefähr zwanzig Pavillons, die verstreut in einem Park liegen. Die Pavillons sind alt, sie sehen vernachlässigt und armselig aus wie manche Krankenhäuser in der Provinz. Der Park ist riesig groß und sehr gepflegt, aber man versteht bald, daß diese Sorgfalt nichts anderes als eine Art vegetabilischer Anämie ist, der Anstand im Mangel, die sonderbare Ordnung des langsamen Dahinsiechens. Im ganzen macht das Krankenhaus den Eindruck der traurigen Unabänderlichkeit jener Orte, die ein menschliches Geschick beherbergen, ohne es ändern zu können, und es nur auf Zeit passiv hinnehmen, wie dies in Waisenhäusern und Altersheimen geschieht.

Auch hier spürt man wie anderswo die Atmosphäre des Samstagnachmittags, an dem die Arbeit ruht; die Alleen sind verlassen und still; dies alles läßt einen ein wenig frösteln.

Unser Vergil ist ein Psychiater der Klinik. Ein junger Mann mit weichem, verschlossenem Gesicht; er hat nicht das sichere und beschützende Auftreten des offiziellen Begleiters, sondern erinnert an gewisse

Führer, die sich trotz genauer Kenntnis der zu besichtigenden Örtlichkeiten gerade deshalb fürchten; so versuchen sie sich unter die Gruppe, die sie führen, zu mischen und um Hilfe und Solidarität zu bitten. Er fragt Fellini, welchen Pavillon er zuerst sehen wolle. Für einen Moment zeigt Fellini die gierige und finstere Unsicherheit von jemand, der auf nichts verzichten will. Inzwischen steigen wir ins Auto; der Mercedes ist zweitürig und zwingt beim Einsteigen zu einem beschwerlichen Manöver.

Wir beginnen mit dem Pavillon ›Arbeitende Frauen‹. Eine dicke Schwester, ganz rot im Gesicht, öffnet uns; es sieht so aus, als ob wir sie, ohne sie zu stören, von irgendeiner Tätigkeit abhalten, die sie mit Ruhe wieder aufnehmen wird, sobald wir gegangen sind. Sie macht wie alle diese Schwestern hier einen sanften, zerstreuten, fast trübsinnigen Eindruck.

Bei den ›Arbeitenden Frauen‹ steht zumindest theoretisch fest, daß sie bis ans Ende ihrer Tage an diesem Ort eingeschlossen bleiben; vielleicht strahlt ihr Pavillon deshalb den gleichsam tröstlichen Frieden eines Klosters aus. Außerdem erweckt die Arbeit, der sich diese Frauen widmen – Nähen, Flicken, Waschen, Bügeln – bei den anderen den Anschein archaischer, vertrauter Menschlichkeit und gestattet noch die Illusion eines Austauschs, einer Beziehung zur Außenwelt, selbst wenn der konkrete Ausdruck dieser Beziehung in verhängnisvoller Weise vom magischen Kreis ihres Wahnsinns zunichte gemacht wird. Kaum betreten wir einen Arbeitsraum, unterbrechen fünf Frauen, die über riesige schwarze Nähmaschinen gebeugt sind, brüsk ihre

Arbeit und heben gleichzeitig den Kopf in unsere Richtung; ihr Blick ist direkt und undurchdringlich hinter den zerzausten Haaren, die ihnen ins Gesicht hängen. Sie erinnern an fünf ruhige Tiere, die für einen Augenblick den Kopf von ihrem Fressen heben. Fellini zieht Agnesina liebevoll hinter sich her, ein Mädchen mit einem birnenförmigen Kopf und einer riesigen Nase. Agnesina ist ganz rot im Gesicht und grinst unaufhörlich, weil sie im Mittelpunkt solchen Interesses steht; dabei hält sie eine Hand vor den Mund, um ihre Gefühle zu verbergen; sie macht den gelehrigen Eindruck einer schmächtigen Laienschwester, eines Mädchens für alles.

Es ist Fastnachtssamstag, die Frauen sind in Festtagsstimmung und eifrig damit beschäftigt, das traditionelle Karnevalsgebäck zu kneten und zu backen. Eine riesige Frauensperson mit einem unschuldigen, mehlbedeckten Gesicht bietet auch uns davon an. Fellini beißt in eins hinein, den Rest aber hält er in kindlicher Unentschlossenheit bis zur Schwelle des nächsten Pavillons in der Hand. Ich nehme zwei; es handelt sich ohne Zweifel um Gebäck, und es ist gewiß auch gut, aber ich würge es zitternd, mit übertriebenem guten Willen hinunter, als handle es sich um etwas anderes, etwas Ungenießbares.

Im Pavillon ›Kriminelle‹ lebt der berüchtigte L. S.; er hat zwei Menschen umgebracht und einen dritten Totschlag versucht. Er hält sich abseits, diskret, fast vornehm. Er hat lebhafte, grausame Augen; ein herrlicher, schwarzer Schnurrbart verleiht ihm den leichtlebigen und massigen Ausdruck eines Bildhauers. Auf Fellinis Fragen nach Grund und Dauer seines Aufenthalts an diesem Ort hebt er mit der Geste eines Menschen, der einer Sache nicht auf den Grund gehen will, die Arme und macht eine untadelige Verbeugung: »Ah, ich wüßte nicht, ich weiß es wirklich nicht«, antwortet er mit größter Liebenswürdigkeit, als ob die Sache irgend jemand anderen beträfe, und er, der Schnurrbärtige, mit diesem demütigen, feierlichen Ton Fellinis unpassende Neugier zerstreuen wolle, ohne ihn zu enttäuschen.

In einem kleinen Bett liegt ausgestreckt ein junger Mann von 18 Jahren, ein ehemaliger Seemann aus La Spezia. Er deliriert und wiederholt immer wieder fiebrig: »Es wissen alle, ich bin ausgeschlossen worden, es wissen alle, daß ich ausgeschlossen worden bin ...« Das Delirium scheint ein echtes Magnetfeld zu bilden; die Person oder Sache, die in diesen Umkreis gerät, wird sofort magnetisch angezogen und in die Wahnvorstellung integriert. In der Tat braucht Fellini nur einen weiteren Schritt auf den jungen Mann zu tun, und schon fragt dieser ihn: »Sind Sie Admiral? Dann wissen Sie also, alle wissen es, daß ich ausgeschlossen worden bin ...« So wie immer, wenn er direkten Kontakt zu einem Kranken hat, ist Fellini erregt, er leidet fast und stellt treuherzig richtig, daß er es nicht ist, sondern nur ein Freund des Arztes.

Und schon stehen wir vor einer Person, von der Fellini noch oft mit heiterer und schmerzlicher Sehnsucht spricht. Obgleich diese Begegnung sich in humoristischem und groteskem Ton abgespielt hat, gewinnt sie in seiner Erinnerung unerklärlicherweise tröstliche und bedeutungsvolle Aspekte. Der Mann liegt im Bett, denn er hat seit ein paar Tagen kranke Füße. Seit 30 Jahren zieht er mit der Unermüdlichkeit des Lasttiers den Karren mit der schmutzigen Wäsche durch die Alleen des Parks, von einem Pavillon zum nächsten. Wenn ein Individuum mit einem gänzlich untätigen Verstand wie er so lange und geduldig eine derartige Funktion ausübt, verändert sie ihn schließlich auch körperlich. Der Mann gleicht tatsächlich einem Lasttier; er hat ein langes Gesicht, ein Pferdelächeln und zwei große Schlappohren, an denen man den Hafersack hängen zu sehen glaubt. Der Dialog, der sich zunächst zwischen dem Mann und dem Wärter und dann mit Fellini entspinnt, ist ein Schmuckstück angewandter Zen-Philosophie. In einer ganz kurzen Dialogpassage von umwerfender, bestürzender Primitivität wird jede traditionelle Vorstellung von Gefühl und Sitte aufgelöst und vernichtet, um das Sein, das keine Definition duldet, allein in seinem ganzen Geheimnis bestehen zu lassen. Auf jede Frage, die an ihn gerichtet wird: »Wie alt bist du? Sind deine Eltern schon tot? Bist du schon lange hier? Gefällt es dir hier?« antwortet das unbeschreibliche Lasttier mit raschen, blitzartigen »Na und? Na und? Na und?« – dann neigt er den Kopf zur Seite, zieht die Augenbrauen hoch und gibt sich einem beunruhigenden, nachsichtigen Grinsen hin. Nur für einen Augenblick läßt die sphärische Weisheit unseres Freundes nach, als man ihn nämlich fragt: »Wo ist Poldo?« Er antwortet ruhig und ernst: »Poldo ist tot.« Wer weiß, wer Poldo ist, vielleicht ein wirklicher Esel, der lange Zeit hindurch sein Arbeitskamerad war.

Wenn man ihn nun nach der hintergründigen Weisheit jener »Na und?« näher betrachtet, erinnert er einen gar nicht mehr so sehr an ein Lasttier; mit seinem ockerfarbenen Gesicht und seinem tiefschwarzen Haar im Bürstenschnitt könnte er ein Philosoph der Magna Graecia oder ein Weiser aus Karthago sein.

Wir entfernen uns verwirrt von ihm, während die rein äußerliche Heiterkeit bei der Episode sich nach und nach in ein tiefes, wohltuendes Gefühl des Friedens und des Behagens verwandelt.

Ein Gefühl, das im Augenblick leider unterdrückt werden muß. Der riesige Saal der Epileptiker erwartet uns. Ein älterer biederer Mann in Unterhosen steht am Fenster und spricht lebhaft mit einem unsichtbaren Gesprächspartner. Ein kräftiger junger Mann grüßt uns fröhlich mit seiner volltönenden Stimme; die rötlichen Furunkel in seinem Gesicht sind das Zeichen einer starken jugendlichen Libido, die anders keinen Ausdruck findet. Er ist mit den Händen am Bettrand festgebunden; er erklärt lauthals, daß er Fellini den Namen seiner Freundin sagen möchte, ganz im geheimen. Fellini nähert diesem tobenden Krater sein Ohr; er ist ein wenig ängstlich und zögert, als ob der Irre es ihm jeden Augenblick abbeißen könnte. Der Name der Freundin ist Anna Zanotti.

In den Pavillons der Frauen scheint der Wahnsinn auf den ersten Blick durch die weibliche Passivität und Leichtfertigkeit gemildert, aber man merkt sogleich, daß ihr Elend durch diese Eigenschaften nur noch unwürdiger wird. Ein Edelfräulein, das, die

Arme vor der Brust verschränkt, wie eine Königin auf einem Kissenberg thront, betrachtet uns ganz ruhig und unbeweglich, als wären wir Gegenstände, auf denen man den Blick ruhen läßt. Der runde Kopf ist von Zöpfen umrahmt, die Augen sind tiefblau. Unsere grüßenden Gesten lassen sie völlig gleichgültig; erst als wir uns entfernen, erreicht uns ein sanftes ›ciao‹ wie in einem Zeichentrickfilm. Ein anderes altes Frauchen mit schlohweißem Haar und sanftem Aussehen ißt gerade unglaublich genüßlich, gleichsam ehrfürchtig seine Suppe. Auf Fellinis Frage antwortet sie mit so übertrieben geziertem und verklärtem Lächeln, daß sie wie eine schreckliche Hexe aussieht, die ein Kind verführen will: »Oh, es ist wirklich gut, dieses Süppchen. Wenn ich es nicht jeden Abend essen würde, könnte ich nachts nicht schlafen.«

Delirien, Selbstgespräche, hartnäckiges oder selbstvergessenes Schweigen in jedem Bett.

Hinter einer geschlossenen Tür ertönt plötzlich eine sehr kräftige Tenorstimme mit »Ach, wie so trügerisch«. Er singt es ganz und wiederholt es noch einmal. Das Solo ist ohrenbetäubend, aber die Schwestern und die Besucher fahren unbeirrt in ihren Betätigungen fort, als hörten sie nichts. Ich fühle mich unbehaglich.

Ich bemerke Fellini am Ende eines Korridors. Sein Gesicht ist leicht gerötet, er hat die Augen weit geöffnet; er ist verwirrt und scheint von einem Alarmzustand erfaßt. An seiner Seite befindet sich jetzt der Leiter der Klinik, ein vertrocknetes Männchen, mit langem, geometrischem Gesicht; sein verträumtes

Pferdelächeln ist meist so, als wolle er etwas empfehlen oder zu etwas einladen; er hat ein sehr gepflegtes graues Bärtchen; seine grünen Augen haben durch die dauernde Anstrengung, die er beim Nachforschen und geduldigen Zuhören machen muß, etwas Überspanntes, eine verhaltene, irgendwie starre Lebhaftigkeit. Er hört gerade ›der Sheriffin‹ zu, einem hübschen Mädchen von 20 Jahren mit feinem, blassem Gesicht; die langen schwarzen Haare fallen ihr auf die Schultern herab, ihre hellbraunen Augen erinnern an die eines Vogels, ihr Mund ist trocken, und ihre Lippen sind rissig. Sie trägt einen geblümten Nylonmorgenrock. Ihre absolute Unwissenheit ist peinlich; ohne sich um die Menschen um sie herum zu kümmern, die ihr aufmerksam zuhören, wendet sie sich nur an den Professor. Sie spricht von Wettkämpfen, von Sheriffs, von Dallas, wo sie Sheriff ist, vom Attentat auf Kennedy und von schmutzigen, kleinen Pensionen in der Nähe von Termini, wo ein Gynäkologe sie zu einem Strip-tease gezwungen und ein Freund des Arztes sie vergewaltigt hat. Viele Worte sagt sie in Englisch mit der ungenierten Ungenauigkeit der Ungebildeten. Ihr verbaler Rausch ist erfüllt von der aggressiven, sarkastischen Vernunft, die gewisse Prostituierte in einem Polizeirevier an den Tag legen. »Ich weiß, daß Fellini in der Klinik eingetroffen ist . . . wo ist er denn?« Fellini wird ihr vorgestellt, und nun ist er es, der den unsicheren Eindruck von jemand macht, der in einer Komödie mitspielen muß. ›Die Sheriffin‹ verabschiedet sich und verlangt anmaßend eine Rolle in einem seiner Filme, aber sofort danach fügt sie mit einem herablassenden, kleinen Lächeln, das hochmütige Verachtung für die Umstehenden ausdrückt, hinzu: »Aber ich kann nur die Rolle des Ringo übernehmen!«

Wir gehen wieder zu den Pavillons der Männer hinüber. Ein kleines Monstrum von höchstens 50 Zentimetern wird auf dem Korridor spazierengeführt, als wäre es ein liebenswertes Maskottchen.

In einer Zelle, in der es fürchterlich stinkt, flüstert ein dicker Alter, der unter Decken vergraben im eigenen Kot liegt, Fellini zu, ja, es gehe etwas besser.

Ein Junge aus Süditalien nähert sich Fellini; er hat das breite Gesicht eines schlaftrunkenen Dickerchens, auf den Lippen ein unmotiviertes, verzücktes Lächeln, das nicht einmal am Ende der Unterhaltung verschwindet. Er betrachtet Fellini wie ein wunderbares Spielzeug und macht ihm Komplimente, als handle es sich um die Verkündigung einer medizinischen Diagnose: »Sie sind der berühmte Regisseur Fellini? Es ist eine große Ehre für mich, Sie kennenzulernen. Sie sind ein großer Regisseur, wissen Sie? Eine Kanone von einem Regisseur. Ich habe alle Ihre Filme gesehen. Donnerwetter, was sind Sie für ein großer Regisseur! Eine Kanone!« Unter dem Trommelfeuer einer so deutlich ausgesprochenen Bewunderung bricht Fellini zunächst in amüsiertes Lächeln aus; dann zieht er sich, immer noch lächelnd, zurück, eingeschüchtert und peinlich berührt, als handle es sich bei einer derartigen Begeisterung, wenn sie an einem Ort wie diesem ausgesprochen wird, um einen ein wenig unverschämten Scherz. Der Junge heißt Peppino. Fellini unterbricht Peppino und fragt ihn nach dem Grund für seinen Aufenthalt in der Klinik. Ohne auch nur für einen Augenblick mit seinem erstaunten, aufgeregten Grinsen aufzuhören, erzählt er: »Ich hatte einen schweren Nervenzusammenbruch. Ich bin von Polizisten in meiner Stadt angehalten worden, weil ich mit meinem Transistorradio in voller Lautstärke auf die Friedhöfe gegangen bin. Ich hatte mir in den Kopf gesetzt, mit diesem System die Toten aufzuerwecken.«

Im Pavillon der Schwachsinnigen läßt der Anblick der jungen Menschen am meisten verzweifeln. Ihre Vitalität erschöpft sich in unsinnigen, mechanischen Bewegungen, in ermüdenden, unaufhörlichen Zuckungen. Gesichter wie Karnevalsmasken, der Anblick vertrockneter Greise, andauernde rhythmische Bewegungen der Glieder oder des Kopfes; nackte Rücken und Hintern erscheinen und verschwinden unter weißen Hemden. Ein schmächtiges Frauchen mit bescheidenem Aussehen pickt an einem Keks wie ein Huhn; ihr kleiner Sohn liegt quer über das Bett gestreckt, die Arme geöffnet und schlaff, den Mund vollgestopft mit einem gelblichen Kuchen, ein in voller Lautstärke spielendes Transistorradio auf dem Bauch. Die Mutter hält behutsam den Kopf ihres Sohnes hoch, während sie ihn füttert. Sie wendet sich an Fellini, als wolle sie um eine Erklärung, einen Rat, eine Maßnahme bitten, die sie ergreifen könnte: »Jetzt spricht er nicht einmal mehr, er sagt kein einziges Wort mehr, nur Schlager machen ihn noch glücklich.«

Diese Mutter und dieser Sohn erscheinen wie eine blasphemische Variante der ›Pietà‹. Das Bild ist von solch vernichtendem und unschuldigem Realismus, daß es im Hinblick auf Abstraktion und Wirkung jede künstlerische Spekulation übertrifft. Nur so läßt es sich erklären, daß einen die Rührung und die Sorge nicht endgültig übermannen. Zum ersten und einzigen Mal sehe ich, wie Fellini sich rasch mit feuchten Augen abwendet. Durch die Anstrengung, meine Erregung unter Kontrolle zu halten, bekomme ich unerträgliche Kopfschmerzen.

Der Besuch ist nun beendet. Wir gehen ins Büro des Leiters hinauf. Eine große Lithographie nach der Zeichnung eines Wahnsinnigen hängt an der Wand. Eine eindrucksvolle, riesige Anhäufung nackter, sich hin- und herwindender Körper.

Fellini versucht nun, dem Professor den Grund für seinen Besuch in der Klinik zu erklären. In dieser Atmosphäre des Mißtrauens, des hartnäckigen Schweigens und des Schuldgefühls, welches den Wahnsinnigen und seine Umgebung von der übrigen Welt trennt, klingen seine Worte wie eine schüchterne Rechtfertigung. Fellini ist noch immer ein wenig verwirrt, seine Augen glänzen und sein Gesicht ist gerötet, als habe er sich länger in der Nähe des Feuers aufgehalten. Seine Stimme ist noch feiner geworden, honigsüß, manchmal zittert sie ein wenig: »Der Grund, weshalb ich hierher gekommen bin, hängt nicht direkt mit dem Film zusammen, den ich gerade vorbereite; mein Besuch hat keinen dokumentarischen oder informativen Charakter. Ich möchte damit sagen, daß ich keinen Film über Verrückte oder Irrenanstalten machen will. Beim Besuch dieser Orte suche ich einfach nach Emotionen, nach suggestiven Eindrücken, die sich dann in etwas anderes verwandeln, in psychologische oder milieugerechte Lösungen, die genau zu der Geschichte passen, die ich erzählen möchte. Der Protagonist des Films soll eine totale Entfremdung von sich selbst und dem, was ihn umgibt, durchmachen; daher kann der Wahnsinn für mich eine treffende und stimulierende Analogie darstellen.«

Der Professor nickt freundlich, aber ausdruckslos. Dann begleitet er uns zum Tor und grüßt uns mit einem ruhigen Lächeln.

Bei der Rückfahrt in die Stadt ist Fellini euphorisch und schwatzhaft. Er erinnert sich an seinen Besuch im Irrenhaus von Magliano, einer Art von Gott und den Menschen vergessener Zitadelle, zusammen mit Mario Tobino kurz vor den Dreharbeiten zu ›Die Nächte der Cabiria‹.

Das Erlebnis von Magliano ist in seiner Erinnerung zu einer Art grandiosem und furchtbarem Epos des Wahnsinns geworden.

Er spricht von der Anstalt, den Wärtern, dem Professor, den Personen, die er getroffen hat, mit erregter und befreiender Ausdauer, die seine Menschlichkeit als bewußte Anteilnahme offenbart.

»Aber hast du die Augen gesehen? Auch die der weniger schweren Fälle, der Normaleren, haben etwas ›Andersartiges‹, die rätselhafte Ausdruckskraft einer anderen Spezies. Der Wahnsinn ist ein einengender Zustand, aber warum könnte er nicht gleichzeitig auch einen sehr hohen Grad an Freiheit beinhalten? Ein Wahnsinniger muß keine Rücksicht mehr auf Gefühlsbindungen nehmen und lebt von jeder begrifflichen, ethischen und sozialen Bindung losgelöst; er identifiziert sich ganz mit seinem Wahnsinn, wird eins mit seinem Wahnsinn, und durch diese so vollkommene Anpassung an den eigenen Zustand, die unvermeidlich und ungewollt ist, verwirklicht er die eigene Freiheit.«

Ich halte ihm entgegen, daß dies von außen betrachtet wahr sein kann, von ihm, Federico Fellini, aus gesehen, der er gesund oder besser von konkreten Erfordernissen und begrifflichen Kategorien gefangen ist. Wenn nämlich ein Wahnsinniger an keinerlei Begrifflichkeiten mehr gebunden ist, hat auch jegliche Vorstellung von Freiheit weder Wert noch Sinn. »Natürlich von mir aus gesehen, von wem denn sonst?« erwidert Fellini. Mein Einwurf ist ganz einleuchtend. Ich fahre unbeirrt fort, daß sonst auch ein Stein ganz er selbst und folglich frei ist, aber diese Art Freiheit auch den Begriff des Rückschritts enthält.

Fellini, der es nicht leiden kann, wenn er in allzu rigorose dialektische Auseinandersetzungen gezwungen wird (seine Unduldsamkeit ist überaus vernünftig, weil der formale Gedanke und das logische Schema die Realität nicht erklären, sondern Begriffe einführen, die sie für den allgemeinen Gebrauch abrichten), beginnt an diesem Punkt zu scherzen: »In der Tat habe ich Steine mit einem unbeschreiblichen Ausdruck von Glück und Freiheit kennengelernt! ... Ich wollte sagen, daß ein Stein in der Hinsicht vollkommen frei ist und sich selbst verwirklicht, indem er ganz einfach eine Anhäufung von Atomen darstellt, deren Ziel es ist, ein Klümpchen Materie zu bilden. Und außerdem, wer weiß, warum diese Orte mich nie traurig stimmen und mir nicht den Mut nehmen, sondern im Gegenteil einen tröstlichen, schützenden Eindruck auf mich machen.«

»Vielleicht«, sage ich, »handelt es sich um die Ruhe, um jenes heitere Schweigen der Angst in wirklich extremen Situationen. Und dies um so mehr, wenn es um andere geht.«

»Das ist nicht ganz richtig. Im allgemeinen stellt man sich das Leben als eine horizontale Linie, die möglichst aus Ordnung, Sinn und Folgerichtigkeit bestehen soll, im ganzen gesehen also recht unrealistisch und erbärmlich vor«, fährt Fellini immer noch in jenem leicht scherzhaften Ton fort, der seine Worte Lügen zu strafen scheint. »Es ist der Wahnsinn oder einer seiner unendlich vielen Aspekte, Heiligkeit oder Genialität, die diese horizontale Linie zerstören und sie in ein nicht mehr klassifizierbares Zick-Zack verwandeln, das in keiner Weise erklärt und oft nicht einmal mehr wiedergegeben werden kann, aber den authentischsten und tiefsten Sinn des Lebens ausmacht. Daher bin ich bei den Verrückten froh und zuversichtlich. Denn ihr Zustand liefert ohne Zweifel einen Beweis für Unordnung und Umnachtung, ist aber gleichzeitig eine wunderbare, beruhigende Bestätigung, daß Ordnung, Harmonie und Wissen nicht unbedingt das Vorrecht derer sind, die nicht als wahnsinnig gelten. Schon als Kind hat mich diese Art Anomalie immer fasziniert. Wenn ich im Hof spielte und auf einmal hinter dem Fenster im vierten Stock den enormen, wackelnden Kopf des mongoloiden Jungen erblickte, der in unserem Haus wohnte, hörte ich auf zu spielen und blickte gebannt nach oben, bis der Kopf wieder verschwand.«

Fellini erzählt in Eifer versunken weiter, als wäre er allein und schriebe, statt zu sprechen, um die Stimmung und die Bedeutung dessen, was er gesehen hat, zu klären und zu bewahren. Mir kommt es so vor, als hätte ich ein unangenehmes Fieber, das mich am Kontakt, den ich sonst mit meiner Umgebung habe, hindert. Von Zeit zu Zeit rufe ich mir die eine oder andere Episode in die Erinnerung zurück, aber nur um durch das Gespräch das Gespenstige, das sonst bedrohlich würde, zu neutralisieren. Fellini küßt mich beim Abschied und sagt lächelnd: »Na und? Na und? Na und?«, um mich abzulenken.

»Ich kenne euch nicht . . . Wer seid Ihr?«

Die Notizen, in denen Fellini nach und nach gewisse Einzelheiten oder ganze Elemente eines Films festhält, haben die suggestive, zweideutige Unentzifferbarkeit, welche im Wesen aller Notizen liegt.

Man lese die Eintragungen aus dem Notizbuch zu *G. Mastorna,* auf dessen erster Seite folgende Maxime in roter Schrift ins Auge fällt:

> »Die heiligste Sache ist die, mit der du dich gerade beschäftigst.«

WICHTIG: die Figuren des Unbewußten (oder die Geister der Toten, was das Gleiche ist) mit Informationen über das Bewußtsein und das Ich ausstatten Treffende Intuition also die alte Idee, daß die Hosteß G. Mastorna nach Nachrichten über das Leben auf der Erde fragt.

SEELE (Hosteß): spöttisch, ironisch, verführerisch, verlogen, treulos.

Mit der eigenen SEELE sprechen. Ihr Briefe SCHREIBEN. SIE WIRD ANTWORTEN.

IDEEN – ANMERKUNGEN

1) Und wenn sie ihn im Auto (riesiger alter Cadillac) schminken würden, während sie ihn (Mastorna) zur Oscarverleihung bringen? Im Auto befindet sich auch der große Schminkspiegel, in dessen Rahmen viele Glühlampen eingelassen sind.
2) VALDEMARO (alter Variété-Komiker) für die Rolle des Magiers.
3) *TV – Bildschirm.* Im großen neapolitanischen Raum.
4) Als Mastorna auf dem Bett ausgestreckt auf den Bildschirm schaut, auf dem ihm der Clown zulächelt, schläft er ein. Das Telefon läutet. Dialog mit dem *unbekannten Freund*, mit geschlossenen Augen, ohne den Hörer abzunehmen und fast ganz in TOTALE. Dann NAH das Erwachen; der Gepäckträger ist schon im Zimmer.
5) Die Geliebte könnte die Besitzerin eines Lebensmittelgeschäfts sein?

6) Armandino erscheint als ›jene neapolitanische Figur‹, die für die Geschäfte Reklame macht?«

Die folgenden Notizen, oft durch Skizzen und farbige Zeichnungen illustriert, betreffen hingegen das ›Satyricon‹:

»(Es liegt ein anderes Flirren in der Luft)

		Glühen
Science-fiction	–	Grell
Raserei	–	Barbarisch
Marsmenschen	–	Fieberhaft
Nazis	–	Neurotisch
		Psychedelisch

Alles ist schon auf den Fresken.
Verstaubte Fragmente. Als wolle man versuchen, eine antike Amphore aus den Scherben, die man nach Jahrhunderten gefunden hat, zu rekonstruieren.
Staub und Dunkel. Beschwörungshandlung durch ein Medium. In immer kürzeren Passagen aufhören: »... und der Alte lachte und zeigte mit seinem gekrümmten Finger auf etwas, was die anderen noch nicht bemerkt hatten.«
»Das Pferd, in Schweiß gebadet ...«
»... die Sonne ging hinter dem Landhaus unter ...«
»... die Augen blickten schwermütig ...«
Und Dunkelheit, lange schwarze Schwänze ...

Stille ... eine Stimme sagt noch etwas, Stille ... der Nachspann.

BASRELIEFS – Schreckliche Starrheit – Lächeln und Blicke wilder Tiere.

Die Feste: Die Nacht war von Freudenfeuern erhellt, große Feuer überall in der Stadt und auf dem Land.

Theater – Das Double des Schauspielers war oft ein Verbrecher, der tatsächlich auf der Bühne hingerichtet wurde, um den Erfordernissen der Erzählung zu entsprechen.

Einsturz der Häuser.

SATYRICON

Der Wolkenkratzer.

Irre Proportionen und Unproportionen sowohl in der Architektur, den Statuen als auch den Bildern des Films selbst mit winzigen und riesengroßen Menschen. Der gewaltige Kopf des Kolosses wird auf einem Karren transportiert und bringt die Häuser zum Einsturz.

WICHTIG: die Hunde schminken. Unbekannte Tierarten.

WICHTIG: Gesten, Zwinkern, nie gesehene Grimassen begleiten die Dialoge.

Es ist, als befände man sich im Innern der *Sonne*. Eine glühende Dimension, wer darin lebt, hat andere Augen, sein Nervensystem gehorcht einem anderen Rhythmus ... (den Traum der rosigen Wahnsinnigen nicht vergessen, die sich

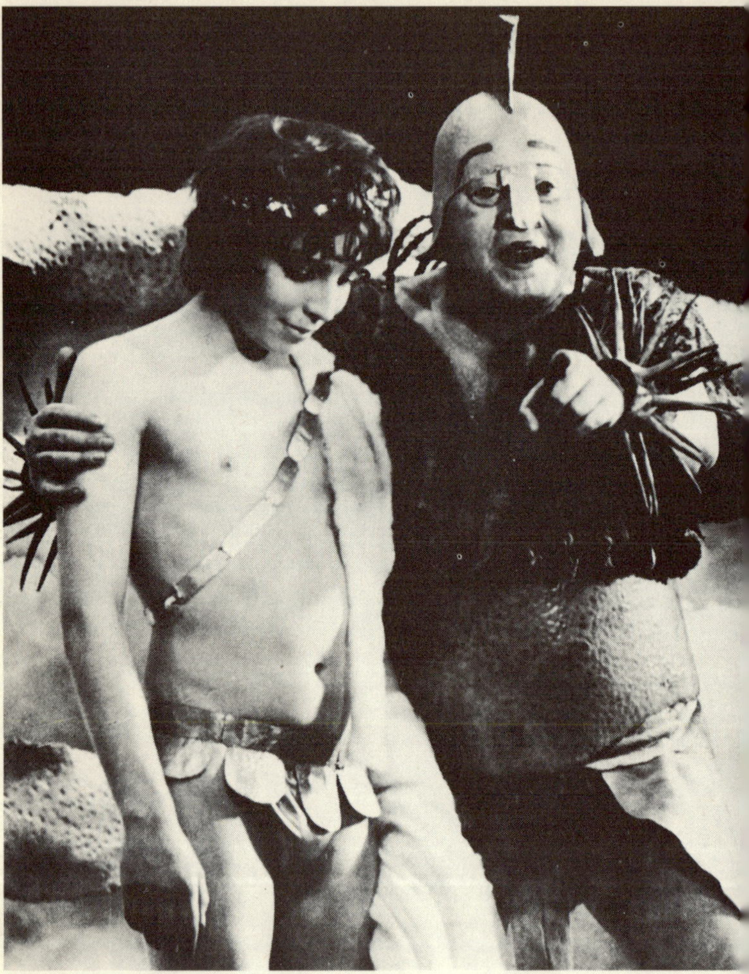

Fanfulla (Vernacchio) und Max Born (Gitone) in ›Satyricon‹

nacchio, gezeichnet von Fellini

Fellini auf dem Set von ›Satyricon‹ (folgende Doppelseite)

in dieser überhitzten, flirrenden Dimension befanden).

Glühender Wahnsinn

Ich kenne euch nicht
Wer seid ihr?

WICHTIG: arhythmisch, mager, schief. SCHLECHT GESPIELT. Es ist so, als spielten die Schauspieler schlecht. Starre oder im Fieber umherschweifende Blicke, anhaltendes Schweigen, etwas Brüchiges, Zögerndes, Stockendes beim Sprechen ... Trifena hat in ihrem Keller einen Sklaven in einem Käfig; nur er muß sie kämmen, *denn sie hat eine Glatze.*

Die Statuen von Venus und Mars, die sich vereinigen, weil innen ein Magnet angebracht ist. Mina oder Quartilla? Oder Trifena? Sie singt mit den gefangenen Beatles!?!

Trimalchio: Beim Besuch der Stallungen des Trimalchio Vorführung seines Pferdes; Ställe aus Marmor, Haferkrippe mit Purpur bedeckt, mit Gemmen besetzte Halfter.

Immer an die Bekanntmachungen der Gladiatoren in den Straßen denken.

Beim Mahl des Trimalchio steht er ab und zu auf und geht vögeln. (Calligula nicht vergessen, der sich mit den Frauen seiner Gäste entfernte und nachdem er sie genommen hatte, bei seiner Rückkehr ihre Vorzüge pries oder lauthals über ihre Schwächen herzog. Ein Ehemann, der protestierte, wurde bei Tisch erschlagen. Auch an den Typ denken, der so tut, als ob er schläft, um nicht zu sehen, wie Trimalchio seine Frau küßt und tätschelt.) Sie trocknen sich die Hände auf den Köpfen der Sklaven oder an den Brüsten der Sklavinnen ab.

Eine von Trimalchios Konkubinen hat einen weißen Kopf und eine rote Stirn: »Du scheinst wie Schnee von Wein befleckt.« Dreieckige Zimmerchen zum Erbrechen.

Während des Films noch mehr Gewicht darauf legen, daß Orakel befragt und Auspizien aus jeder Sache (zum Beispiel aus dem Vogelflug) gezogen werden.«

Ein Schiff von Jules Verne

Nun weitet sich Fellinis persönliche, ganz private Beziehung zum Film durch neue Medien aus, sie wird durch das Eingreifen der ersten Mitarbeiter, der möglichen Mitautoren des Exposés und des Drehbuchs, präzisiert und erweitert.

Die unerläßliche Bedingung für ein Verständnis zwischen Fellini und seinen Mitarbeitern ist eine gemeinsame Sprache, ein identisches System psychologischer, emotionaler oder intellektueller Beziehungen.

Dieses Verständnis festigt sich vor allem durch Fellinis eklektisches, faszinierendes Geplauder, in dem er seine Vorstellungen, die Absichten und Ziele des Films mit einem sehr dichten Netz von Beispielen, Metaphern, Vergleichen, Suggestionen, Paradoxien und manchmal ganz unerhörten und daher um so eindrucksvolleren Hypothesen zum Ausdruck bringt.

Selbstverständlich muß eine solche Fülle von Fermenten beim Gegenüber den geeigneten Nährboden, die entsprechende Aufnahmefähigkeit finden, wenn sie einen Sinn erhalten und konstruktiv werden soll. Es wäre erschreckend komisch, wenn sich Fellini beispielsweise beim Versuch, dem Architekten das Klima, die Stimmung eines bestimmten Ambiente zu erklären, auf eine bestimmte Atmosphäre der Piazza Indipendenza an einem sommerlichen Sonntagnachmittag um drei Uhr bezöge, und dann gefragt würde: »Warum? Was geschieht denn an einem Sonntagnachmittag um drei Uhr auf der Piazza Indipendenza?«

Wollte man die Arbeitsgewohnheiten, die wirklichen Gelegenheiten, bei denen Idee und Drehbuch eines Fellini-Films entstehen und wachsen, beschreiben, müßte man einer phantomähnlichen, oft unnachweisbaren Route folgen, und das Geringste, was einem passieren könnte, wäre, die Spuren zu verlieren.

Unter diesen Umständen sind die einzigen Personen, die wahrheitsgemäß etwas über diese Route erzählen können, Fellinis erste Reisegefährten: die Drehbuchautoren. »Ein Drehbuch mit Fellini«, sagt Bernardino Zapponi, »ist wie eine Reise zur Erforschung unbekannter Meere auf einem Schiff von Jules Verne. Am Horizont ziehen unglaubliche Panoramen und Personen vorüber. Um besser schauen zu können, lehnt Fellini den Kopf zurück, reißt die Augen auf, trällert und pfeift vor sich hin. Wir erzählen uns gegenseitig, was wir gesehen haben; wir verplaudern ganze Nachmittage und geben uns der kindlichen Freude des Fabulierens hin; es kommt zu absurden Vorschlägen und undenkbaren Verbindungen. Schließlich zieht Fellini ›die Summe‹. Er besitzt einen mathematischen Ordnungssinn, eine Vorliebe für Zahlen, die sich übrigens auch in seiner Angewohnheit zeigt, die Schauspieler manchmal zählen statt sprechen zu lassen. Er hat eine besondere Begabung, die richtigen Zahlen, die unumstößlichen Daten des Problems herauszuholen. Wie jeder echte, phantasiebegabte Autor wird er von einem unergründlichen Sinn für geometrische Gesetzmäßigkeiten geleitet.

Obgleich er zerstreut, unaufmerksam und geistesabwesend scheint, stimuliert, provoziert, erwidert und lauscht Fellini als Drehbuchautor auf das Echo seines ungeduldigen Anklopfens. Er versucht mehrere Wege, auch konkret; oft finden die Drehbuchbesprechungen im Auto statt, in seinem bald nach rechts, bald nach links fahrenden Wagen, der seinen wechselnden Stimmungen zu folgen scheint: Er beschleunigt, verlangsamt, stöhnt bei abgewürgtem

Motor und fährt in dunkle Straßen. Selbst bei heiteren und zwanglosen Gesprächen läßt ihn die Besessenheit eines Autors, der zu einem konstruktiven Aufbau verdammt ist, keine Ruhe: Es ist die Zwangsvorstellung, systematisieren, die Notwendigkeit, jede Idee, die zu einem Bild werden kann, einordnen zu müssen.

Wenn ich an Federico denke, sehe ich ihn nie mit dem Gesicht des freundlichen, jugendlichen, heiteren und zartfühlenden Menschen, mit dem er gewöhnlich in den Zeitungen zu sehen ist; ich sehe ihn vielmehr mit einem unruhigen, bekümmerten, fast verschlossenen Ausdruck, der eine unfaßbare Einsamkeit zeigt. Beim Ausarbeiten des Drehbuchs von *Toby Dammit* zum Beispiel, das indirekt auf eine Erzählung von Poe zurückgeht, haben wir verlassene Trattorien, Imbißstuben am Stadtrand und vor allem die Uferpromenade von Ostia, den leeren, trostlosen Strand von Rom durchstreift, der in seiner winterlichen Verlassenheit so faszinierend war wie eine Stadt nach einer Atomexplosion. Aus solcher Hoffnungslosigkeit ist die Geschichte eines drogensüchtigen, verrückten Schauspielers entstanden, der nach Rom kommt, um zu sterben. Fellini liebt das Elend. In Wirklichkeit ist das Elend tragisch und poetisch; ein leeres Restaurant, ein baufälliges Hotel der Faschistenzeit ohne Gäste haben den Zauber von Dingen außerhalb der Zeit, die niemals entstanden sind und daher nicht vergehen können. Das Elend altert nicht; es ist etwas, was einen falschen Weg eingeschlagen, auf ein totes Gleis gefahren und dort stehengeblieben ist.

Trotz der notwendigen kreativen Anspannung ermüdet die Arbeit mit Fellini nicht: man wird nicht müde bei der totalen Freiheit der Inspiration, bei dem Vergnügen, sich zwanglos Geschichten zu erzählen. Fellini führt seine Mitarbeiter in eine leichte, magische Atmosphäre, aus der man nur ungern wieder herabsteigt.«

Das Drehbuch zu einem Fellini-Film ist also der genaue und gleichzeitig schwankende Übergang, den der Film vom Autor zur Verwirklichung zurücklegt; es kann also nur ein andeutungsweises Echo des Films sein. Die Stimmung, der Sinn, die vibrierende Vitalität des Films müssen bei der Präzisierung des literarischen Details zwangsläufig verschwinden oder verblassen. Es kommt sogar vor, daß Fellini das Drehbuch in bestimmten Augenblicken irgendwie unangemessen oder fremd findet, als wolle man ein Bild mit einer kybernetischen Formel oder durch Musiknoten beschreiben; daß das Drehbuch ihn wie ein unvermeidlicher Zwang belastet, daß er ein wenig Angst davor hat, als fürchte er, es könnte ihn hemmen oder ablenken, und im Zusammenhang damit von Streitsucht und Schuldbewußtsein gepackt wird. Aber wahrscheinlich ist dies alles nur eine einfache Vorsichtsmaßnahme, um nicht die eigene Entwicklung zu lange zu bremsen. In Wahrheit bannt ein Drehbuch von Fellini die Gefahr einer allzu großen kreativen Freiheit durch eine konstruktive Disziplin, es ist ein Moment der grundsätzlichen und unersetzlichen Klärung des Films.

Besonders hartnäckig fordert Fellini von den Lesern seiner Drehbücher ein Urteil, das durch keine hypothetische filmische Realisation des Textes, wie sie etwa die Person des Regisseurs suggerieren könnte, bedingt oder angereichert ist. Die Unsicherheit und das Unbehagen, mit denen er die Leserurteile erwartet, bringen ihm immer eine gewisse Solidarität ein, während die kritische Intelligenz, mit der er die unbegründet negativen Urteile entkräftet, die Gleichmütigkeit, mit der er sich die übertrieben positiven anhört und die Reflexion, die er den wirklich ernstzunehmenden vorbehält, Bewunderung abnötigen.

Ein Drehbuch von Fellini kann die unglaublichsten Mißverständnisse und Reaktionen hervorrufen. So ließ sich zum Beispiel jemand mit gesundem Menschenverstand, als er auf ein Epigramm von Stirner stieß, welches sich rein zufällig im Drehbuch von *Mastorna* befand, vom rechten Weg abbringen und faßte das Drehbuch irrtümlich als eine Art filmisches Zeugnis für den Nihilismus des genannten Philosophen auf. Der Produzent De Laurentiis hingegen berührte sich bei der Besprechung nach der Lektüre des Drehbuchs von *Mastorna,* immer wenn vom Inhalt des Films, dem Herumirren eines Mannes nach seinem Tod gesprochen wurde, hastig an einem nicht näher zu bezeichnenden Körperteil, welcher nach einem neapolitanischen Aberglauben Geister zu vertreiben vermag. Ein bekannter Schriftsteller bezeichnete das Filmvorhaben seinerseits als ›sehr ehrgeizig‹. Fellini erwiderte ehrlich überrascht: »Was heißt ehrgeizig? Der Ehrgeiz ist eine unerläßliche psychologische Triebfeder des Künstlers. Es ist so, als würde man zu einer Frau, die ein Kind erwartet, sagen: ›Sie sind zu schwanger, wissen Sie?‹«

Des Regisseurs Kniefall vor dem Produzenten. Marcello Mastroianni als Guido in ›8½‹

führung der Probeaufnahmen. Guido Alberti als Produzent Pace in ›8½‹

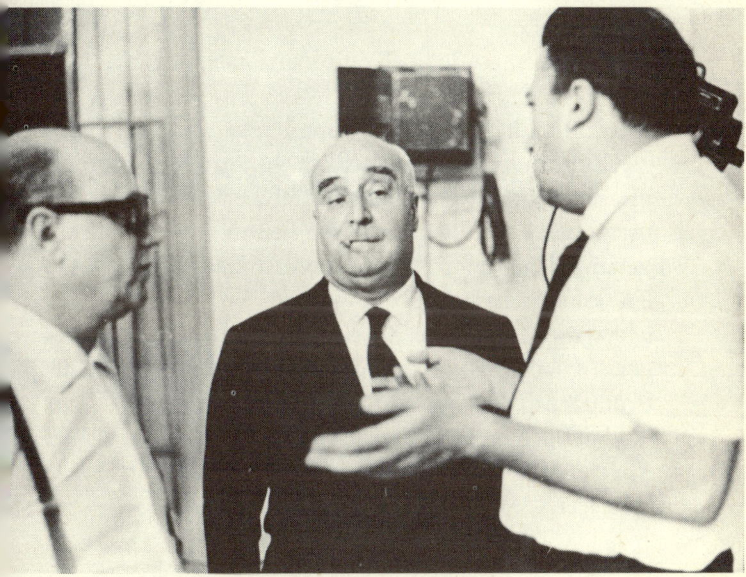

ini mit Angelo Rizzoli, dem Produzenten von ›8½‹

Die Unterhosen des Vizepräsidenten

Fast immer denkt Fellini schon an den nächsten Film, wenn er noch mit der Verwirklichung des vorangehenden beschäftigt ist. Und so weit geht alles vortrefflich. Es scheint auch, als sei er absolut nicht dazu imstande, an einen Film zu denken, wenn er nicht gleichzeitig eine vertragliche Vereinbarung mit irgendeinem Produzenten unterschreibt, als erhielte der Film eine geheimnisvolle Notwendigkeit durch einen konkreten Produktionsbezug. Und doch bleibt dies alles im Rahmen einer möglicherweise bizarren Disziplin, auch wenn sie sich oft als zumindest riskant erweist, da der erste Produzent, der bei einem neuen Fellini-Film auf der Bildfläche erscheint, selten derjenige ist, der den Film dann auch macht.

Die Mühe und die Komplikationen beginnen für Fellini in dem Augenblick, wo er die Geldgeber, das Kapital sucht. Letzteres kommt nun schon seit einiger Zeit und fast ausschließlich von großen amerikanischen Produktionsgesellschaften; und die Amerikaner haben einem Regisseur wie Fellini gegenüber zwei verschiedene und ebenso unvereinbare Haltungen: ein sehr lebhaftes Interesse und ein gleichermaßen lebhaftes Mißtrauen. Zu einer speziellen Berufskategorie gehört dann womöglich noch der italienische Produzent, der sich mit der Realisierung des Films beschäftigen muß: Entweder ist er so ungeniert wie ein Schurke oder so passiv und einfallslos wie ein Bankkassierer.

Unter diesen Bedingungen ist Fellini oft gezwungen, direkt in die Vorarbeiten für die eigentliche Produktion einzugreifen, aktiv an den Verhandlungen teilzunehmen, bei den Treffen und Besprechungen dabei zu sein, kurz, in irgendeiner Form zum Produzenten seiner selbst zu werden.

Es kann vorkommen, daß der Prototyp solcher Vorgespräche – und das ist keineswegs übertrieben – folgendermaßen aussieht: Eine geräumige Suite im Grand Hotel. An den Tisch eines ebenso großen Raumes setzen sich der italienische Produzent, Fellini und der Hausherr, der amerikanische Repräsentant, ständig eine dicke Zigarre im Mund, mit leicht unheilverkündendem Auftreten, wie es wichtige Personen immer haben, wenn ihre körperliche Erscheinung unbedeutend ist. Man versucht, ein Gespräch zu beginnen. Nach den ersten fünf Sätzen läutet das Telefon, das auf dem Tisch neben einer Flasche Mineralwasser und einigen Gläsern steht. Es ist Los Angeles oder New York. Unter der dauernden Gefahr, für immer das Gehör zu verlieren, und mit dem Effekt, die Geduld der Gäste auf eine harte Probe zu stellen, schreit und lacht der Amerikaner eine Dreiviertelstunde lang am Telefon hängend, als befände er sich in einer Wüste und das Überleben hinge davon ab, von jemand gehört zu werden. Dann legt er auf. Man versucht, das Gespräch wieder aufzunehmen, aber nach weiteren fünf Sätzen entschuldigt sich der Amerikaner, steht auf, geht und schließt sich im Bad ein. Man hört das Wasser laufen, ein Schnauben und Prusten. Man denkt und kommt schnell zu dem Schluß, daß der Vizepräsident der großen amerikanischen Filmproduktion sich eine Waschung im Bidet gönnt oder daß er sich sogar zu einem Bad entschlossen hat. Die Gründe, weshalb er eine so wenig geeignete Gelegenheit gewählt hat, um sich wegen derartiger Bedürfnisse zu entfernen, scheinen keineswegs primitiv zu sein, sondern raffinierte, geheimnisvolle Gewohnheiten zu verraten.

Nach einer halben Stunde kehrt er erfrischt zurück, in Unterhosen. Wie es vorkommen kann, wenn man mit dem Wahnsinn in Berührung kommt, sind es die Unbefangenheit und fast liebenswürdige Nachlässigkeit, mit denen der Yankee seinen ungewöhnlichen, halbbekleideten Zustand ignoriert, die Fellini und den italienischen Produzenten in ihrer untadeligen Kleidung sich fehl am Platz und unbehaglich fühlen lassen. Diese unvorhergesehene Laune des Amerikaners amüsiert Fellini, und es gelingt dadurch, ihn wieder für die Verhandlungen zu gewinnen, die nun angemessen fortschreiten und nur von einem kurzen, entschuldbaren Verschwinden des Amerikaners im Schlafzimmer unterbrochen werden, bis wieder das Telefon läutet. Diesmal ist es Istanbul.

Dann aber ist Fellini an der Reihe; er schnappt sich das Telefon und verschwindet in der Tiefe eines Sessels.

Mit dem gesunden Menschenverstand des Interessenten, der legitime Auskünfte über das Temperament des Pferds, das er erwerben will, haben möchte, flüstert der Vizepräsident in Unterhosen dem italienischen Produzenten zu: »Ist es wirklich wahr, daß Fellini den *Mastorna* zurückgestellt hat und nun

Fellini mit Giulietta Masina, Dino de Laurentiis (stehend, links außen) und Tullio Pinelli (sitzend, links außen) bei der Oscar-Verleihung für ›Cabiria‹, Hollywood 1957

Satyricon machen will, weil eine ›Hexe‹ ihm zwei Mißerfolge nach *Julia und die Geister* vorausgesagt hat, also der Episode nach Poe und dem *Satyricon* selbst?« Die Frage ist schwerwiegend. Sie öffnet mit einem Schlag einen Abgrund. Eine geschäftliche

Besprechung erwachsener Menschen landet auf der Stufe einer Kindergarten-Neugier. Der Italiener, heimlicher Komplize, oder vielleicht tatsächlich durch die unglaubliche Frage des Kollegen verblüfft und entwaffnet, verneint ebenso ernsthaft und gelassen: »Das ist nicht wahr.« Und fügt sofort mit einem urplötzlich stärkergewordenen neapolitanischen Akzent eine Lobrede von lakonischer Tiefe und geradezu tödlicher Banalität hinzu: »Fellini ist ein unermüdlicher Arbeiter! ...«

Bis es zu einer finanziellen Kombination kommt, die es gestattet, einen Fellini-Film zu verwirklichen, gibt es so viel Spannung und Furcht, daß der zuständige Produzent, falls er keine starken Nerven oder Freude am Risiko hat, von Depressionen, Schwindel und regelrechten Wahnsinnsanfällen gepackt werden kann. Eines Morgens forderte man von Fellini ganz überraschend die sofortige Rückzahlung von 400 Millionen Lire, der gesamten Hypothek auf *Mastorna.* Da beschränkte er sich auf den ruhigen Kommentar: »Es ist so, als verlangten sie die Piazza di Spagna von mir. Sollen sie sie sich doch nehmen.«

Es gibt beim Film auch glühende Ehrenmänner, die diese hysterische Unbeständigkeit eines Produzenten mit Gründen erklären, die ungemein komisch wirken: »Es wäre an der Zeit, daß Fellini die üble Angewohnheit, seine Produzenten ›Ciccio bello‹* zu nennen, ablegt. Er allein, das wäre ja noch zu ertragen. Aber das Schlimme ist, daß in Fellinis Kielwasser auch die anderen Regisseure aus dem Stall

* ›Ciccio‹ ist eine Koseform von ›Francesco‹; deutsch etwa ›Franzl, mein Schöner‹

dieses Produzenten sich die Freiheit herausnehmen, ihn mit demselben respektlosen Spitznamen anzureden. Ein Glück, daß sie wenigstens sofort aufhören, wenn sie zurechtgewiesen werden und ihren Schnitzer einsehen. Nur Fellini bleibt unglaublich hartnäckig bei seinem skandalösen Verhalten.« Also: Entweder nennst du mich nicht ›Ciccio bello‹, oder du gibst mir sofort meine 400 Millionen zurück.

Die finanziellen Stürme und Böen eines Fellini-Films hören erst nach seiner Fertigstellung auf und niemals vorher, als wären sie die finanzielle Entsprechung der unvorhersehbaren, unruhigen Schwankungen oder inneren Bewegungen, die ihn bis ans Ende begleiten. Obgleich der Film schon fast zu dreiviertel fertiggestellt war, blieb *Das süße Leben* zum Beispiel immer noch Gegenstand hektischer heimlicher Transaktionen zwischen dem einen und dem anderen Produzenten, als handle es sich um heiße Ware, etwas Ansteckendes oder eine Bombe.

Der Zauberkreis

Nach dem juristischen Akt der Unterzeichnung des Vertrags mit einem Produzenten beginnt jedenfalls unmittelbar die konkrete Vorbereitung des Films.

Ein Film von Fellini ist bis zu dem Augenblick, wo er auf der Leinwand erscheint, in dauernder, unvorhersehbarer Metamorphose. Die Vorbereitung, bei der der Film nach einer provisorischen Gärung von Möglichkeiten und Versuchen seine echte Gestalt erhält, ist der magische und entscheidende Augenblick dieser Metamorphose.

Die Natürlichkeit, Spontaneität und Autonomie, mit denen ein Film von Fellini entsteht, nehmen während der Vorbereitung ein übertriebenes Aussehen an; die hartnäckige Bemühung, die alles andere als natürlichen Erfordernisse der Produktion zu überwinden, verselbständigt sich, und das Resultat, die Verwirklichung des Films selbst, spielt nur noch eine untergeordnete Rolle. Es ist beispielsweise keineswegs außergewöhnlich, daß sich der Realisator des Films nur drei Tage vor Drehbeginn mit Fellini im Büro einschließt, um ihn zu einer Entscheidung zu zwingen, ob eine bestimmte Sequenz verschwindet oder nicht. Daß der Architekt, einem monströsen Insekt mit herabhängendem, mit Skizzen, Fotografien und technischen Zeichnungen beladenen Schwanz ähnlich, mühselig hinter Fellini herhinkt, und ihn um eine Meinung, einen Rat oder eine Skizze anfleht, also um sichere Angaben für die Gestaltung des Ambiente einer Szene. Daß der Regieassistent ihn mit gewandter und bekümmerter Beiläufigkeit an die Notwendigkeit – oh nein, nicht die Dringlichkeit – erinnert, einen Schauspieler für die wichtige Rolle, die noch unbesetzt ist, auszusuchen.

Aber wenn dies alles noch nicht außergewöhnlich ist, so ist es zumindest Fellinis Reaktion: Dem Nachdruck des Realisators sucht er mit unmöglichen Argumenten, die praktisch und rationell sein sollen, aus dem Weg zu gehen, oder er lügt einfach schamlos. Das Drängen des Architekten entkräftet er mit einem vagen Versprechen, mit einem gleichmütigen, tödlichen Schweigen oder mit einer Grimasse und einem zweifelhaften Ausspruch, der den Mitarbeiter in eine momentane Hypnose oder gar anhaltende Verzückung versetzt. Den einfühlsamen Eifer des Regieassistenten belohnt er wohlwollend, indem er die Zahl der möglichen Interpreten der Rolle X von 15 auf 12 reduziert.

Die Vorbereitung eines Fellini-Films wird für alle Mitarbeiter zu einer Art Exerzitium, so kompakt und pausenlos wird man psychisch beansprucht. Fellini ist imstande, den Architekten um drei Uhr nachts zu wecken, um ihm eine neue figurative Gestaltung zu erläutern. Er wirft den Produktionsleiter am Sonntagmorgen um sechs Uhr aus dem Bett und schleppt ihn nach Viterbo: Er will im Gebäude der Feuerwehr dieser Stadt drehen. Geht das? Er bestellt den Regieassistenten an einem Sonntagnachmittag im August um 14 Uhr ins Büro: Es müssen rasch die Nebenrollenträger für eine Szene ausgewählt werden, deren Aufnahmen möglicherweise für das Ende der Dreharbeiten in sechs Monaten vorgesehen sind. Das Ambiente der Szene kann ganz verschieden sein: ein Kolleg, ein Nachtklub, ein Bahnhof, eine Klinik oder eine Kirche. Trotzdem fischt Fellini die Personen unterschiedslos aus den Packen mit den entgegengesetztesten Klassifizierungen heraus: ›Schmutzige Visagen‹, ›Gutaussehende, zierliche Mädchen‹, ›Komische Naive‹, ›Clowns‹, ›Aufgetakelte, melancholische Frauen‹, ›Stämmige Schwule‹, ›Strichjungengesichter‹. Er zitiert um elf Uhr abends den so gut wie sicher engagierten Protagonisten des Films herbei und macht mit ihm eine Spazierfahrt nach Ostia, um ein wenig mit ihm zu plaudern, ihn besser kennenzulernen und die Assoziierung von Schauspieler und Rolle einzuleiten, deren Formel für Fellini lange geheimnisvoll und dunkel geblieben ist.

Noch während der Vorbereitung des Films hören die Drehbuchautoren nicht auf, im konkreten Umkreis des Films selbst zu rotieren, denn die Szenen können bis zum Ende der Dreharbeiten neugeschrieben oder modifiziert werden. Aus der entgegengesetzten Richtung hingegen beginnen sich der Bildregisseur, der Schnittmeister und schließlich der Komponist der Filmmusik zu nähern und sich durch Gespräche und Besuche bei Fellini mit dem Film vertraut zu machen. Fellini scheint sich in seiner Arbeit zu bewegen und einen Film aufzubauen, nicht indem er nach einer chronologischen Abfolge der einzelnen Realisationsphasen vorgeht, sondern indem er vom festen, zentralen Punkt eines bereits geschlossenen Kreises ausgeht.

Penus, der Magier

Während der Vorbereitung eines Fellini-Films geschieht immer etwas, was auf der Grenze zwischen Experiment und Farce, Disponibilität und Scherz liegt. Beim *Satyricon* zum Beispiel gab es den nächtlichen Ausflug auf der Via Appia Antica, bei dem

Fellini, Bernardino Zapponi und ich von Penus, einem Medium und Wahrsager geführt wurden und bei dem versucht werden sollte, einen Kontakt zwischen den lebenden und den alten Römern herzustellen.

Um zehn Uhr abends fuhren wir mit zwei Autos von der Piazza del Popolo ab. Als wir mitten in ländlicher Umgebung etwa auf halber Höhe der berühmten Touristenstrecke am Ziel angekommen waren, begann es plötzlich zu nieseln. Der Fahrer, der während der kurzen Fahrt die Wahrsagerfähigkeiten von Penus bereits persönlich erprobt hatte, ohne davon so recht überzeugt zu sein, faßte den klugen Entschluß, in eine nahe gelegene Trattoria essen zu gehen. Der Sekretär des Magiers, ein schweigsamer junger Mann, stieg nicht einmal aus dem Auto aus, ganz gleichgültig dem gegenüber, was für ihn nun schon zu einer Routine ohne Überraschungen geworden sein mußte. Penus, Fellini, Zapponi und ich machten uns im Stockfinstern auf den Weg. Wir machten eine Dreiviertelstunde nichts anderes, als von einer Ruine zur anderen zu hasten und je nach den Forderungen des Wünschelrutengängers dicht an den Resten eines Mausoleums oder einem ganz profanen Felsbrocken haltzumachen. Wir stellten uns sofort im Kreis auf und bildeten die magische Kette: Die Köpfe einander zugeneigt, die Hände fest ineinandergeschlungen wie bei der Basis einer Turnerpyramide. Fellini wechselte zwischen finsterer Aufmerksamkeit, scherzhaften Kommentaren, geistvollen Bemerkungen und unverschämten Fragen an das Medium. Bernardino, perplex und konziliant, versuchte seine heftigen Kopfschmerzen mit seinem sonderbaren, ruhigen und trockenen Humor zu überspielen. Ich schwankte zwischen schüchterner Leichtgläubigkeit und einer Distanz, die ich verzweifelt durch Ironie zu unterstreichen suchte. Bei dem für Penus typischen, sich überstürzenden Wortschwall war es schwierig zu unterscheiden, was dem Trancezustand zuzuschreiben war und was dem des Wachseins. Er wechselte zwischen sinnlosen und unentzifferbaren Wortfetzen und detaillierten Beschreibungen, die manchmal suggestiv oder sogar aufregend waren, wie etwa die Beschreibung von der Rückkehr eines müden, siegreichen Heeres in die Hauptstadt. Unversehens stießen wir auf einige tote Löwen, die vergiftet worden waren als Beispiel für das Ende, das eine Gruppe Christen gefunden hätte, wenn sie nicht ihrem Glauben abgeschworen hätten. Schon seit einigen Minuten witterte Penus von irgendwoher, wer weiß in welcher Tiefe der Erde, die Gegenwart der Tiere. Jedenfalls redete er hastig und ängstlich Anweisungen und Bitten folgender Art daher: »Frag mich, ob die Löwen da sind! Frag doch: Sind die Löwen da? Los! Frag mich! Frag, ob die Löwen da sind!« Fellini fragte also skeptisch und voller Geduld: »Sind die Löwen hier?« Penus antwortete besänftigt und nun ganz sicher, mit einem trockenen ›Nein‹. An einem bestimmten Punkt kam es sogar zu einer Interferenz: Ein venezianischer Maler des 18. Jahrhunderts, Piazetta, der für einige Zeit in einem Haus in der Via Appia Antica gewohnt hatte.

Wir kehrten enttäuscht und ohne Aufsehen in die Stadt zurück.

»Entschuldigen Sie, kostet das was?«

Pünktlich zur Eröffnung des Büros, in dem die Vorbereitung vonstatten geht, beginnt eine Prozession unglaublicher Gestalten, Haupt-, Nebendarsteller und Komparsen, herbeizuströmen. Im allgemeinen ist die Atmosphäre der ersten Tage erwartungsvoll wie bei einem bevorstehenden Besuch oder Fest. Und dann ist das Fest mit seinem Trubel da: Einige Monate unbändige Festtagsstimmung zu festen Zeiten: jeden Tag von 17 bis 20 Uhr defilieren Hunderte von Personen an den Tischen der Assistenten vorbei, liefern ein Foto ab und gehen wieder.

Die gleichen geröteten, eingeschüchterten, ein wenig finsteren oder dümmlich grinsenden Gesichter.

Die gleichen Fragen: »Bekommt man das Foto zurück? Wann beginnt der Film? Um was für einen Film geht es? Bis wann nehmt ihr noch Leute an?«

Die gleiche Topographie der Charaktere: Der Aggressive, der Schüchterne, der Grobian, der Mißtrauische, der Überhebliche, der Hochmütige, der Dummkopf, der Sympathische, der Schwindler, der Pathetische, der Verrückte.

Die gleiche soziale Typologie: Der Geselle, der Student, der Pensionär, der freiberuflich Tätige, der kleine Beamte, der Wissenschaftler eines entlegenen Fachs, der Kaufmann, der Ballett-Tänzer, der Barbesitzer, der Statistikprofessor, die Friseuse, die Angestellte, die Kellnerin, die Masseuse, die Literatur-Lehrerin, das ›hübsche Mädchen‹, das ›behütete Mädchen‹, die ›Familienmutter‹, die ›Ehefrau‹, die

›Mitinhaberin einer Boutique‹ und schließlich die Ehemaligen aus fast allen Berufen.

Und immer wieder das gleiche, unglaubwürdige Selbstlob: gemurmelt, geflüstert, angedeutet, gebrüllt, szenisch und mimisch gestaltet.

Und die gleichen Hintergedanken: Der Tagelöhner aus der Landwirtschaft mit einem Exposé, dick wie die Bibel, das er an den Mann bringen will. Der Mathematiklehrer aus Valtellina, der an der Filmhochschule von Bergamo Regie studiert und den Dreharbeiten des Films beiwohnen möchte. Der Opernsänger, der einen Extraauftritt versuchen will. Die Neureiche aus der Bourgeoisie, die für den Film ein Haus mit 30 Räumen in Neapel vermieten möchte. Der Hausierer, der seinen von ihm selbst abgerichteten Spürhund vorführt.

Der übliche Imitator: der Exhoteldirektor, der sein Gebiß herausnimmt und die Stimme des Alten in den Western nachmacht.

Der übliche Nostalgiker: der vielseitige, alte Gaukler, der mit einem Koffer voller vergilbter Zeitungsausschnitte, Lebensläufe und Plakate ankommt.

Der übliche ›Fall‹: Die sechzigjährige Adlige, Ehefrau eines Botschaftsangehörigen, Dichterin der hermetischen Richtung, taub und mit einem Metallknie, wird von einem kahlköpfigen General a. D. begleitet, der gezwungen ist, allen zu erklären, warum die Dame sich nicht setzt, der als Dolmetscher fungiert, indem er dem grinsenden Profil der Dichterin ins Ohr brüllt.

Die übliche unsagbare Manifestation: Es ist drei Uhr nachmittags. Es gelingt einem kleinen, farblosen

Typ sich ins Büro einzuschleichen, wo Fellini sich zu dieser ungewöhnlichen Stunde ganz allein aufhält, ohne daß ihn jemand abfangen könnte. Das Männchen, eine dicke Akte unter dem Arm, setzt sich mit der Miene eines Menschen, der nachdrücklich dazu aufgefordert worden ist, vor Fellini hin und erklärt monoton, den Blick auf einen Punkt an der Wand links von ihm geheftet: »Nach Studien und Recherchen, die mich fünfeinhalb Jahre gekostet haben, habe ich die unwiderlegbare Sicherheit erlangt, die ich auch jederzeit durch entsprechende Dokumente belegen kann (er zeigt auf die Akte), daß Sie, Signor Fellini, ein Marsmensch sind, ein überirdisches Wesen, das, wie schon gesagt, vom Mars stammt. Es war meine Pflicht, Ihnen dies mitzuteilen. Guten Abend, Signor Fellini.«

Das übliche Sprachgenie: acht Sprachen, Lettisch inbegriffen. Der übliche Einfaltspinsel:

»Kostet das was?«

»Was?«

»Nein, ich meine, kostet das was?«

»Soll das heißen, ob wir Sie bezahlen?«

»Nein, nein, ob ich bezahlen muß!«

»Aber wieso denn?«

»Ach wissen Sie, das ist nicht das erste Mal: Ich lasse ein Foto da, und dann kommt bei mir zu Hause eine Zahlkarte über 5000 Lire an, die ich bezahlen soll.«

Der übliche Unbelehrbare: das Gesicht eines Bauarbeiters, kräftig, blondes krauses Haar, undeutlicher Dialekt der Marken. Mit unauffälliger und echt demütiger Miene sagt er: »Ich sehe gut aus, bin athletisch gebaut, habe ein Titelbildgesicht und habe fünf Jahre Schauspielunterricht genommen (Hat die Masina nicht eine Schauspielschule?). Wenn nicht ich Schauspieler werde, wer soll es dann werden?«

Die üblichen ›Freunde‹ Fellinis: herzlich, in Festtagsstimmung, äußerst wortreich bei der Erzählung der fast immer erfundenen Episoden, die diese Freundschaft begründet haben. Sie interessieren sich im allgemeinen nicht für den Film, doch bei jedem neuen Film von Fellini tauchen sie wieder auf und machen ihn zum Aushängeschild einer Wohltätigkeitsorganisation.

Und dann die so flüchtigen und vor lauter Bedeutung ganz einsamen Persönlichkeiten: Die Marchesa di Benpurgo, aufgeblasen und zerzaust wie ein aufgebrachter Vogel, eine riesige Brille und herunterhängende Haare im Gesicht, fördert aus dem dunklen Durcheinander ihrer Pelzjacke eine Visitenkarte zutage. Eine Frau aus dem Volk erbittet fröhlich und sinnlos die künstlerische Leitung des Regisseurs Fellini, um einen schaurigen Selbstmordversuch auszuführen.

Und sie alle wollen Fellini sehen, wollen mit Fellini sprechen, versuchen den Abstand, der das Vorzimmer von seinem Büro trennt, mit Hilfe der klassischen ›persönlichen Gründe‹ zu überwinden.

Es kommt immer die gleiche Menschenmenge, wenn Fellini einen neuen Film vorbereitet; mit ›die gleiche‹ ist kein besonderer Menschenschlag gemeint, sondern die ganz alltägliche und daher ungemein disparate Menge, wie man sie bei einer Wahlversammlung oder vor einem eingestürzten Haus antreffen kann, die einem Streik zusieht oder nach Frosinone zieht, um zu sehen, wie das kleine Bauernmädchen die Madonna trifft.

Aus dieser schwirrenden Anonymität sucht Fellini aufmerksam, amüsiert und anteilnehmend Gesichter und Gestalten aus, die sich in seine Geschichte so einfügen, als gehörten sie dorthin. Fellinis Genauigkeit und Intuition beim Identifizieren der Personen, die an ihm vorbeiziehen, ist verblüffend. Mit einem raschen, eindringlichen Blick gelingt es ihm, in jeder dieser Personen ihre echte, geheime oder vergangene Berufung zu entdecken, die oft aufgegeben, meist nie erkannt worden ist.

Für jeden Fellini-Film muß eine ganz bestimmte anthropologische Spezies gefunden oder eine turbulente Jagd unter dem Motto ›Wer hat ihn gesehen?‹ auf eine ungewöhnliche Gestalt inszeniert werden. In *8½* war es die immense Saraghina, in *Julia und die Geister* der Magier Bishma, im *Mastorna* hätte die slawische Rasse den beunruhigenden menschlichen Hintergrund des Films bilden sollen. Um sie zu finden, besuchten wir die Lager der slawischen Flüchtlinge in Latina und Neapel. Beim *Satyricon* waren die Büros dauernd von einem rüden Heer von Lastträgern vom Schlachthof und dem Großmarkt oder von Transportarbeitern belagert.

Wenn Fellini einen neuen Film vorbereitet, fängt er sofort an, sein enormes Fotoarchiv durchzusehen; dabei trifft er bereits eine ungefähre Auswahl der Gesichter, die er brauchen kann. Daß er dann, ungeduldig, auf der Stelle eine endgültige Auswahl treffen will, liegt wahrscheinlich daran, daß es ihm das größte Vergnügen bereitet, die Fotos, die er als unbrauchbar aussortiert hat, zu zerreißen. Im Fall des *Satyricon* belief sich die Zahl der Fotos, die vernichtet werden sollten, auf mindestens 2000, so daß Oreste, unser Bürodiener, eingeschaltet werden mußte. Oreste hegt für Fellini eine stille Verehrung; er hat ein gutmütiges, gieriges Gesicht, aber vor allem einen Kopf, der quadratisch wie der eines Mörders ist. Mitten im Raum, halb in den Kasten mit den Fotografien vergraben und vor Anstrengung, sie zu zerreißen, in Schweiß gebadet, hebt Oreste auf einmal sein quadratisches Haupt, richtet es langsam auf Fellini und flüstert wie in Ekstase: »Sicher, so jemand wie Sie, dotto*, gibt es nicht noch einmal!« In diesem Augenblick zeigt er die unheilvolle Hingabe des alten Dieners, der eines schönen Tages ganz unversehens seinen Herrn erdrosselt. Sein Kommentar zeigt indessen deutlich, daß für Oreste der glänzendste, schlagendste Beweis für Fellinis Talent in der Tätigkeit zum Ausdruck kommt, an der er mitarbeitet. Oreste senkt sein Haupt und nimmt die Arbeit wieder auf. Schließlich mußte man ihn gewaltsam zum Aufhören zwingen, sonst hätte er alles zerrissen und das ganze Büro zerstört.

Die Neuheit der Gesichter ist eine grundlegende Forderung bei jedem Fellini-Film. Aber eigentlich sind es immer dieselben Gesichter, in die er sich verliebt. Sein Fotoarchiv, das wirklich nützliche, ganz geheime, ist im Grunde seit Jahrzehnten unverändert. Deshalb gibt es Ärger, wenn die Darsteller bestellt werden: Der eine ist im Irrenhaus, der

* Saloppe Kurzform von ›dottore‹

andere in Australien, dieser im Hospiz, jener ist gestorben, einer wird vom Rauschgiftdezernat gesucht, ein anderer hat das Geschlecht, die restlichen haben zumindest die Wohnung gewechselt. Beispielsweise kommt es nicht selten vor, daß ein zarter Knabe im Laufe von acht Jahren zu einem verschwitzten, behaarten Rekruten geworden ist. Obendrein ist dieses Archiv von Grund auf konservativ: Es kann Erschütterungen und Läuterungen im Innern erfahren – bei jedem Film ändert sich die psychologische Unterteilung der Typen –, aber nur schwer kommt einer hinein oder hinaus. Wenn man aber versucht, die Neuheit der Gesichter, die Fellini systematisch als Bedingung für jeden Film fordert, auf das Kino im allgemeinen zu beziehen, ist dies zumindest gefährlich: Fellini geht nie ins Kino, deshalb kann es vorkommen, daß er hartnäckig darauf besteht, eine Schauspielerin, die bereits den zweiten Oscar bekommen hat, in der Totale oder von hinten zu zeigen. Es mag sein, daß mit dem Begriff der ›neuen Gesichter‹ bei Fellini kein äußeres, objektives Kriterium gemeint ist, also kein wirklich neues Gesicht. Erneuern bedeutet für Fellini nicht, eine bereits existente, autonome Veränderung zu akzeptieren, sondern das Bekannte umzugestalten: Ein bekanntes Gesicht erhält seine Jungfräulichkeit durch die Maske, die Beleuchtung, die Rolle zurück. Im übrigen ist bei Fellini der Antrieb zur Invention stets die Vertrautheit.

»Bist du sicher, daß es da keine Indianer gibt?«

Während der Vorbereitung kommt es oft vor, daß auf eine figurative oder technische Lösung verzichtet wird, weil sie nur schwer oder gar nicht zu verwirklichen ist. So war zum Beispiel im Film *Julia und die Geister* das kleine Flugzeug in der Bauart der Brüder Wright, in dem Giuliettas Großvater davonfliegt, im Drehbuch ursprünglich eine Montgolfiere. Clemente Fracassi, der Generalorganisator dieses Films, witterte sofort Schwierigkeiten (Fellini würde sagen: das Desaster) mit der Montgolfiere und wollte sich daher selbst darum kümmern. Er suchte in Zürich ein winziges, altes Männchen, einen bekannten Spezialisten des aerostatischen Ballonflugs, auf und kam nach einer Woche mit einer detaillierten Dokumentation, vor allem aber mit der unerschütterlichen Überzeugung zurück, daß auf die Idee mit der Montgolfiere in jedem Fall verzichtet werden müsse.

Als Fellini sich an diese Episode erinnerte, gab er den zweifellos klugen Einwänden von Fracassi diese amüsante und verzerrte Version: »Auf die Montgolfiere müssen wir verzichten. Das Unternehmen ist zu riskant und die Kosten sind gewaltig, denn wenn wir mit ausreichender Sicherheit drehen wollen, brauchen wir vier Montgolfieren: Die erste kann leicht kaputt gehen, wenn sie mit dem Ballast beladen wird. Man kann nicht ausschließen, daß die zweite sich in den Zweigen der Pinien von Fregene verfängt und so das gleiche Schicksal erleidet. Und wer garantiert mir, daß die dritte nicht in einem plötzlichen Unwetter wer weiß wohin, und womöglich für immer entschwindet mit Giulietta, Sandra Milo, dem Großvater und dem Mädchen an Bord?« Wie Fracassi die vierte Montgolfiere verwendet hätte (wo der Film selbst ja nach dem schrecklichen Verschwinden der Hauptdarsteller im Kosmos abgebrochen worden wäre), erklärte Fellini allerdings nicht.

Clemente Fracassi ist ein intelligenter, gewandter Filmmann, aber manchmal fällt er jenem irrationalen Pessimismus zum Opfer, zu dem ein rationales, konsequentes Denken verdammt. Fellini hingegen behauptet liebenswürdig, negative Situationen übten auf den Freund eine unwiderstehliche Anziehung aus, nur die Katastrophe ziehe ihn an und stimme ihn sogar heiter; und mit seiner seltenen Gabe, den springenden Punkt mit einer geistvollen Unwahrscheinlichkeit zu treffen, definiert er die berufliche Qualifikation des Mitarbeiters folgendermaßen: »Wenn ich Fracassi beiläufig sage, daß ich nach Neapel fahren will, erwidert Clemente verwirrt: ›Bist du sicher, daß es da keine Indianer gibt?‹«

Der König mit Verdauungsstörungen

Sicher haben die Probeaufnahmen für Fellini die herkömmliche Bedeutung, aber in umgekehrtem Sinn: Ihr Ziel ist es nämlich zu ›erproben‹, daß ein Schauspieler für die ihm zugedachte Rolle ungeeignet ist; fast alle Schauspieler erhalten im Film eine andere Rolle als bei den Probeaufnahmen.

Für die Probeaufnahmen wählt Fellini niemals wichtige Szenen des Films aus, sondern nur solche, bei denen er schon oder doch fast entschlossen ist, sie zu streichen, als wolle er ihnen nicht unrecht tun und ihnen einen letzten zärtlichen Tribut zollen.

Der erste Tag der Probeaufnahmen zu *Julia* verstrich in einem chaotischen Opernklima. Die Filmaufnahmen der Opernaufführung sollten auf dem Fernsehschirm in Julias Haus in der letzten Sequenz der Eindringlinge zu sehen sein. Natürlich enthält der Film keine Spur dieser ursprünglichen Absicht.

Die ideale Bühne für die Handlung war einfach der Boden des Ateliers. Die Personen waren alte Nebenrollenträger und Komparsen. Dafür kamen die imposanten, reichen Kostüme, unter deren Gewicht sie häufig schwankten, vom ›Teatro dell' Opera‹ in Rom; es hatte eines Monats beharrlicher Anfragen, verschiedener Versuche und gewichtiger Vorstöße bedurft, um sie als Leihgabe zu erhalten. Die Bedeutung der Melodram-Szene blieb immer unverständlich; klar war nur, daß sie sich in einer höchst dramatischen Atmosphäre abspielte. Die Schauspieler waren in emphatischen, verzweifelten Posen auf der Bühne aufgestellt: einer auf den Knien, ein anderer auf dem Bauch liegend, einer entfloh gerade mit erhobenen Armen, ein anderer stand unbeweglich da, die Haarsträhnen der Perücke wie unter drohender Gefahr mit den Händen raufend.

Ihre ängstlichen Grimassen und die im vorgetäuschten Gesang aufgerissenen Münder erhöhten den Schrecken des Ereignisses, welches weiterhin geheimnisumwittert blieb. Aber noch etwas anderes ließ die ganze Angelegenheit als Höhepunkt einer Katastrophe erscheinen. Sobald nämlich die Klappe gefallen war, ertönte unversehens in voller Lautstärke ein mitreißender Schallplattenausschnitt aus Bellinis *Norma.* Im gleichen Augenblick wurde mit einem weniger suggestiven, dafür aber betäubenderen Ton eine enorme Windmaschine seitlich neben der erdachten Bühne in Bewegung gesetzt. Leider war die Leistung der Windmaschine (eine kleinere war nicht aufzutreiben gewesen) beträchtlich größer, als es aufgrund der bescheidenen symbolischen Erfordernisse der Handlung notwendig gewesen wäre. Der Wind, den sie fabrizierte, hatte eine solche Wucht, daß die Schauspieler sich wie wild aneinanderklammerten, um nicht zu Boden oder an die Rückwand des Ateliers geschleudert zu werden. Wie bei einem Sandsturm in der Wüste flogen vom Boden Salven von Staub, Karton und Blättern auf, die mit aller Wucht auf einem tragisch gen Himmel gerichteten Auge, einer grinsenden Wange oder häufiger dem weitaufgerissenen Mund eines Schauspielers landeten, so daß er ernsthaft in Gefahr geriet zu ersticken.

Auf jedes ›Stop‹ folgten einige Minuten Grabesstille, wie nach einem Erdbeben oder einem Wolkenbruch; Fellini drängte jedoch erbarmungslos zur nächsten Klappe.

Eine ältere deutsche Schauspielerin, die in den schweren Gewändern des Königs steckte, hatte am Abend zuvor ein wirksames Abführmittel eingenommen. Alle halbe Stunde mußte seine Majestät vom hohen Sitz, auf dem sie zusammen mit der Königin thronte (die Herrscher stritten andauernd, weil es sie durcheinanderbrachte, daß sie in verschiedenen Sprachen sangen), heruntergeholt und zur Toilette gebracht werden.

Die Bedürfnisse der unruhigen Gedärme des Königs waren die einzige Gelegenheit zu einer Pause an diesem stürmischen Tag.

Die Bauten, gespenstisch im Dunkel der Ateliers, sind fertiggestellt.

Die Schauspieler sind ausgewählt.

Das Team ist zusammengestellt.

Nun kann Fellini fortfahren in der ununterbrochenen, glanzvollen Probe, die jeder Film von ihm ist.

Wenn nicht ...

Die Reise des G. Mastorna

Die Schwierigkeiten und Wechselfälle eines Films von Fellini ließen sich manchmal nur dadurch überwinden, daß auf den Film verzichtet wurde. Dies war bei dem nun schon legendären Film *Die Reise des G. Mastorna* der Fall.

Ist *Die Reise des G. Mastorna* mehr oder etwas anderes gewesen als ein Film, der nicht zustande gekommen ist?

Vielleicht kann man gleich zu Anfang sagen, was er nicht gewesen ist. Zum Beispiel war er nicht die dunkle Ursache, sondern das augenfällige Opfer der außergewöhnlichen Zeitspanne von ungefähr drei Jahren, welche seine unmögliche Geburt erfordert hat; und er trägt auch nicht die geheimnisvolle Verantwortung für eine endlose Reihe von Ereignissen, die vom Dramatischen bis zum Grotesken reichen, sondern liefert dafür das äußere Alibi.

Für Fellini sehen die Dinge anders aus. Seine Phantasie, sein Hang, die Wirklichkeit zu entstellen, eine gewisse irrationale Haltung, die nie ganz frei von Aberglauben ist, sein unterschwelliges, unwandelbares Schuldbewußtsein, das ihn immer dazu zwingt, jegliche Verantwortung, jegliche Autorschaft abzulehnen, können sich nicht mit einer banalen Evidenz oder einer undurchsichtigen Objektivität begnügen.

Da der Film von einer Entdeckung des Jenseits, dem Vagabundentum eines Mannes nach seinem Tod handelt, also unfaßbare Materie, verbotenes Terrain ist, hat Fellini den *Mastorna* von Anfang an mit einer unheilvollen, heimtückischen und lebhaften Wesenheit identifiziert. Was hat Fellini halb im Scherz und halb im Ernst nicht alles dem unheilvollen Einfluß des *Mastorna* zugeschrieben?

Fellini und Dino De Laurentiis beschlossen eines Tages, zusammen den Film *Die Reise des G. Mastorna* zu machen. Der Film ist nicht nur nicht verwirklicht worden, sondern hat nach und nach eine solche Menge von Giftstoffen und Viren produziert, daß er paradoxerweise für lange Zeit nur im Hinblick auf einen aktiven, konstanten Zustand der Selbstzerstörung überlebt hat. Die Episoden, Zwischenfälle und Mißverständnisse, die die stürmische

Beziehung zwischen Fellini und dem neapolitanischen Produzenten in Bewegung gehalten hat, genau aufzuzählen, würde bedeuten, eine absurde und eigentlich langweilige Tarantella anzustimmen. Außerdem könnte so der Wunsch entstehen, sich ein abschließendes Urteil zugunsten des einen oder anderen zu bilden: ein ganz unnötiges Unternehmen, auf das sich nur ein kindliches oder parteiisches Gemüt einließe.

Die Kreation ist ein Vorgang, der des dauernden, anteilnehmenden Zartgefühls und der überzeugten, wenn auch fest auf den gesunden Menschenverstand gegründeten Zustimmung bedarf. Dino De Laurentiis ist von Natur aus der Typ des Industriellen, der seine Produkte von Anfang bis Ende vorprogrammiert, ohne Skrupel ihr Schicksal vorbestimmt und die ausführenden Kräfte, die sich mit der Herstellung beschäftigen, nur als Instrumente betrachtet. Als sich die ganze Film-Clique in die durchorganisierten Büros und Ateliers der Via Pontina verlagerte (Fellini nennt sie die ›Riesen-Schlange‹), begann er wie eine Blume im Kühlschrank zu verwelken. Dino De Laurentiis ist der Typ eines Chefs, der selbst auf die Schecks für *Fellinis* Vorschüsse in roter Farbe die Bemerkung ›Wartende Künstler‹ stempeln läßt.

Die Reise des G. Mastorna ist ein Film, der der herkömmlichen Spekulationssucht der Produzenten nur wenig bieten konnte. Außerdem befand sich Fellini seit einiger Zeit in einem Zustand lähmender Verwirrung, die ihn zum Verzicht oder zu unnötigem, unversöhnlichem Trotz zwang. Unter normalen

Umständen hätte seine Vitalität alle Schwierigkeiten überbrückt; er hätte den Film, den er machen wollte, gemacht, wie und wo er wollte. Im damaligen depressiven Zustand konnte er nichts anderes tun als sich, selbst auf die Gefahr einer totalen Unbeweglichkeit hin, zu verteidigen.

Es gab einen ersten lautstarken Bruch. Bei dieser Gelegenheit war Fellinis Unschuld sogar provozierend.

Hier ihr bekümmerter Ausdruck, der endgültiger als jede Anklage oder jede Rebellion ist:

Rom, den 4. Sept. 1966

»Lieber Dino,

ich muß Dir mitteilen, was mich schon länger bewegt und nun zu einem Abschluß gekommen ist.

Es handelt sich um eine ernste Entscheidung, die ich nicht dramatisieren möchte, die aber für mich die einzige ehrliche Antwort auf meinen Geist darstellt, der des dauernden, unnötigen Versuchs müde ist, mit Gründen, die nur von einem Gefühl der Freundschaft bestimmt sind, viel tiefere und echtere Gemütsverfassungen zu übertönen.

Ich kann mit dem Film nicht beginnen, denn nach allem, was geschehen ist, würde ich ihn nicht zustande bringen.

Verstehe mich nicht falsch: Ich zweifle nicht an dem Film, aber durch die lange Reihe widersprüchlicher, störender Zwischenfälle, die mit dem Film selbst nichts zu tun haben, die aber den Beginn und den Fortgang seiner Vorbereitung mit einer Atmosphäre des Widerstands und des Stockens erfüllt

gab er eine ganz bestimmte Rolle: die eines unverbesserlichen Spielers, der bis zum Hals in Schulden steckt und den eine buntgemischte Bande von Freunden und Halsabschneidern aus den Schwierigkeiten herauszuziehen sucht. Oder die eines Arbeitslosen, der sich täglich durchzuschlagen, zu kämpfen hat. In diesem Zusammenhang erinnere ich mich, daß er eines Morgens aus Fregene mit einem Päckchen ankam, welches zwei oder drei Goldnadeln und ein kleines Medaillon enthielt. Der seltsame Notgroschen wurde einem ›Juwelenhändler‹ der Via del Tritone überlassen; der Erlös gestattete es ihm, seinen Freund Hans Richter, den bekannten Maler und Dadaisten, zum Mittagessen einzuladen.

Alle Versuche, den *Mastorna* wieder auf die Beine zu stellen, scheiterten in einem grotesken Gänsespiel.

Da tauchte geheimnisvoll und unvermeidbar Dino de Laurentiis wieder auf. Sie sahen sich eines Abends wieder, und ihre neue Begegnung hatte den reservierten, vorsichtigen Unterhaltungston zweier Mafiosi: So jedenfalls erzählte Fellini später. De Laurentiis, Federico und sein Anwalt nahmen in einem Wagen Platz, dem das Auto des Produzenten, in dem sich nur der Chauffeur befand, unmittelbar folgte. Ungefähr eine Stunde lang glitten die beiden Fahrzeuge langsam und geräuschlos durch das dunkle Labyrinth der Wege der Villa Borghese.

Das Ergebnis war eine unnatürliche und traurige Aussöhnung.

Fellini nahm sein Werk wieder auf, gut in Form, sogar zuversichtlich, aber rückblickend war es ein unheilverkündender guter Wille. Mit einer leicht fiebrigen Ironie phantasierte er immer häufiger davon, sich bald ganz vom Film zurückzuziehen; er hätte dann ein paar Kurzwarengeschäfte oder Eisenwarenhandlungen eröffnet und für immer in Fregene gelebt. Fregene, vor dem er sich in letzter Zeit wegen der Abgeschiedenheit und Isolation zu fürchten schien.

Schließlich war Fellini zum Automaten erstarrt. Er verlor jegliche Begeisterung nach der Wahl des Schauspielers Ugo Tognazzi für die Rolle des Mastorna, jenes G. Mastorna, bei dem man Lawrence Olivier ernsthaft in Erwägung gezogen hatte. Die abgrundtiefe Verschiedenheit der beiden Kandidaten verriet deutlich die quälende Unschlüssigkeit des Regisseurs bei dieser Rolle, wenn er auch zuweilen seine Unsicherheit in geistvolle Dialektik verwandelte: »Lawrence Olivier hat ein wundervolles Gesicht, aber er wäre als Mastorna wenig glaubwürdig. Sein Gesicht hat die gelassene Geistigkeit, die hohe, ruhige Intelligenz, den Abstand eines Menschen, der alles erkennt, sich mit dem Gedanken an den Tod vertraut gemacht, ihn überwunden oder ihm zumindest einen gebührlichen Platz in seinem Innern eingeräumt hat. Am Ende des Films könnte Mastorna das Gesicht von Lawrence Olivier haben, nicht eher. Vorher käme ich mir bei der Arbeit mit einem Schauspieler wie ihm überflüssig und unlustig vor. Das Gesicht von Ugo Tognazzi hingegen, so voll von Sehnsüchten und Vorahnungen, von konfusen Wünschen, kann stimulierend auf mich wirken, kann mir die notwendige Energie und Begeisterung geben, um mich mitzureißen und diesen Mann auf einer so riskanten Reise zu begleiten ...«

Im übrigen schienen die unzähligen völlig verschiedenen Schauspieler, die sich nach und nach als Kandidaten für diesen Film präsentierten (von Gregory Peck zu Edy Wallach, von Paul Newman zu Oscar Werner, von Omar Sharif über Danny Kaye zu Peter O'Toole, von Vittorio Gassmann zu Enrico Maria Salerno), statt die Gestalt weiter zu individualisieren, den Signor Mastorna endgültig zu einem universalen Standardtyp zu machen, so daß zu jenem Zeitpunkt jeder der Protagonist des Films hätte sein können.

Die Reise des G. Mastorna war aber eine Geschichte, deren innere Struktur und deren tiefe Motivation eine derartige Auflösung des individuellen Charakters ihres Protagonisten nicht dulden konnte. Wie eine solche Auflösung ihrerseits einen unvermeidlichen, natürlichen Prozeß des Autors Fellini darstellen kann, beweisen die späteren Filme: *Toby Dammit* und *Satyricon,* wo die Interpreten auf eine glänzende Allgemeinheit reduziert sind. Vielleicht ist das der Punkt, wo sich die Gründe für die lange Krise des *Mastorna* mit den Voraussetzungen für eine neue Ausdrucksphase seines Autors identifizieren.

Vor der Wahl von Ugo Tognazzi hatte Fellini sogar mit der Möglichkeit gespielt, für die Rolle des Protagonisten einen Clown zu nehmen. Nicht nur das, auch die Interpreten der beiden anderen wichtigen Gestalten des Films hätten Clowns sein können: die des Neapolitaners Armandino und die des Professors De Cercis. Und schließlich hätte man den gleichen Clown für alle drei Rollen, die die psychologische Auflösung einer einzigen Gestalt waren, verwenden können.

Ugo Tognazzi besaß ohne Zweifel nicht die metaphysische Melancholie oder die zarte Ironie eines Clowns, aber er war doch immerhin ein Komiker und somit meilenweit von der idealistischen, romantischen Charakterisierung eines gequälten, in sich gekehrten und vergeistigten Mastorna entfernt. Einer Charakterisierung, die meiner Ansicht nach einen starken Zug ins Konventionelle bis Reaktionäre an sich hatte.

Sicher hat Tognazzi, obgleich er ein sehr temperamentvoller Schauspieler ist, nichts von einem jungen Werther, im Gegenteil.

An einem Sonntagnachmittag erschien Tognazzi in Fregene bei Federico zu Hause in einen schwarzen Mantel gehüllt, wie ihn noch heute manche Bauern tragen, einen Schlapphut auf dem Kopf und in jeder Hand, an den Beinen gepackt, ein gackerndes Huhn.

Die unglaubliche Maskerade und ihre unerforschliche Motivation erheiterten, rührten und verwirrten Fellini. Die aufblitzende Vision eines Mastorna als Bauer war eine unerträgliche Halluzination, eine Vorahnung.

Fellini wurde krank.

Mit Rippenfellentzündung und Anaphylaxie wurde er nachts mit unerträglichen Schmerzen auf der Brust in die Klinik eingeliefert. Anfänglich glaubten viele nicht, daß sein Aufenthalt im Krankenhaus wirklich nötig war. Sie hegten den Verdacht, es handle sich ganz einfach um eine Ausrede, um eine geradezu kindische Art und Weise, dem *Mastorna*, De Laurentiis und Tognazzi zu entfliehen. Ich registrierte dieses Mißtrauen mit der liebenswürdigen Kenntnis des Wissenden, der weiß, inwieweit in übertragenem Sinn gewisse grobe Spekulationen des Dummkopfs wahr sein können.

Fellini, blaß, erschöpft, auf einen Berg Kissen gestützt, Sauerstoffkanülen in den Nasenlöchern, die Nadel der Hypodermoclisis in der Vene des Unterarms, mußte nun das tun, was De Laurentiis tat, wenn er den Namen des Mastorna aussprach: neapolitanische Geister beschwören.

Glücklicherweise erholte er sich von der Rippenfellentzündung und der Anaphylaxie. Nicht nur das: Er war auch vom *Mastorna* geheilt. Die traumatische Heftigkeit der Krankheit und ihre lange Dauer schienen Konflikte, Feindseligkeiten, Schwierigkeiten und Spannungen von drei Jahren gelöst zu haben. Fellini ging entgiftet, mit allem und allen ausgesöhnt, voller neuer Energien daraus hervor, vielleicht mit weniger Illusionen und weniger kindlicher Begeisterung, dafür aber reicher durch ein produktiveres, konsequenteres Verhältnis zur Wirklichkeit.

Während des Kuraufenthalts, den er in Manziana, einem kleinen Ort in der Nähe von Rom, verbrachte, widmete er sich einer Arbeit, die wunderbar mit seinem langsamen Wiederauftauchen aus dem regressiven Zustand, dem eines neugeborenen Kindes, in Einklang stand. Er zeichnete mit Vergnügen Ereignisse, Personen und Landschaften auf, die ihn in seiner Jugend fasziniert hatten. Die kleinen Skizzen sollten eine längere Plauderei Fellinis über Rimini

Bauten für den nicht gedrehten Film ›Die Reise des G. Mastorna‹

illustrieren, die den Hauptteil eines Bandes über seine Stadt bilden sollte, welcher beim Verleger Cappelli in Vorbereitung war.

Fellinis Beziehung zu seiner Heimatstadt beruht auf widersprüchlichen, dunklen Gefühlen; es verbindet ihn mit ihr eine Art Zwang, der ihn bald anzieht, bald abstößt. Nun näherte er sich Rimini erstmals direkt und sicher, ohne Ängste, Riten oder Haßgefühle. Und sein Sprechen, Schreiben, Diskutieren ähnelte dem eines Menschen, dem es endlich gelingt, der Sphinx fest in die Augen zu blicken, nicht, um sie wieder zu lieben oder zu zerstören, sondern um sie auf ihre natürliche Dimension, auf eine tröstliche Aktualität und Kontinuität zurückzuführen.

Für kurze Zeit gab es noch einmal Streitereien, Anklagen und Erpressungsversuche, die den Nachwirkungen eines bereits beendeten Alptraums ähnelten. Schließlich trat Fellini De Laurentiis mit einer Überzeugungskraft entgegen, die nicht mehr seine eigene war, sondern von der Wirklichkeit bestimmt wurde, in die beide sich verstrickt hatten. Mit seiner wunderbaren Gabe zur Vereinfachung und der Fülle an gesundem Menschenverstand, den man manchmal an ihm entdeckt, sagte Fellini zu dem neapolitanischen Produzenten ungefähr folgendes: »Hör mal, Dino, betrachten wir unsere Lage einmal ganz objektiv. Seit drei Jahren saugen wir, du und ich, uns nun schon gegenseitig aus, um einen Film zu machen, den wir bisher nicht zustande gebracht haben. Das zeigt, daß an unserer Beziehung etwas falsch und vergiftet ist, das uns beide zu einer gefährlichen Unproduktivität führen kann. Das einzig Vernünftige, was wir tun können, um unsere Freundschaft zu bewahren, ist, daß wir uns trennen und jeder von uns den eigenen Weg fortsetzt. Du befreist mich von der Verpflichtung, die mich an dich bindet, ich bemühe mich darum, dir das Geld zurückzubeschaffen, das die wechselhaften Vorbereitungen des Films bisher verschlungen haben.«

Dieses Mal blieb De Laurentiis nichts anderes übrig als nachzugeben. Nicht so sehr, weil diese neue Schwierigkeit ihn unvorbereitet und erschöpft getroffen hätte, sondern weil er sich vielleicht zum ersten Mal darüber klar wurde, daß es sich um etwas handelte, das er nicht verstand. Es war nicht die Überlegenheit des Gegners, die ihn besiegte, sondern dessen Andersartigkeit.

Die Zeremonie der Vertragsauflösung verdient es, kurz erzählt zu werden.

Es ist spät in der Nacht. Im immensen, luxuriösen Büro von Dino De Laurentiis in Castel Romano hört man nur das Surren der Klimaanlage. Die Rechtsanwälte beider Parteien haben sich in eine Ecke des Raumes zurückgezogen, um die endgültigen Bedingungen der Vertragslösung festzulegen. Fellini sitzt zerstreut an einer Seite des großen Tisches, an dem die Unterredung stattfindet. Dino De Laurentiis tut so, als blättere er nervös in einigen Zeitschriften; er trägt eine ärgerliche, verbitterte Miene zur Schau. Sein Bruder Luigi De Laurentiis geht im Zimmer auf und ab und starrt Fellini mit einem forschenden, fast verwunderten Blick an, als verstünde er nicht so recht, um wen und um was es geht.

Aus der Gruppe der Rechtsanwälte hört man von Zeit zu Zeit unverständliche Juristenausdrücke – ›Synallage‹, ›Usukapion‹, ›via compulsiva‹ – die wie ein geflüsterter Kontrapunkt das ostinato der Klimaanlage durchschneiden. Mit der Großzügigkeit eines Gefangenen, der in Kürze seine Freiheit wiedererlangt, wendet sich Fellini sanft an Dino: »Schau, Dino, du und ich, wir waren wie in einem Loch versunken ...« Die Worte verlieren sich im Geräusch der Luftzufuhr. Der Produzent fragt mit finsterem Blick: »Was für ein Loch?« Fellini steht auf, geht auf ihn zu und fährt fort: »Wir waren wie in einem Loch versunken. Was können wir anderes tun als uns gegenseitig die Hand reichen, um wieder herauszukommen?« De Laurentiis sieht Fellini einen Augenblick unsicher an; dann sagt er in verhaltenem Zorn: »Das geht aber schnell bei dir!«

Das Heft mit den Aufzeichnungen über den *Mastorna* endet mit der Erklärung: »Den Kampf in der Hälfte des Films aufzugeben versuchen, als ob die Idee der Erzählung selbst von der Reise des Mastorna die unheilvolle und vernünftige Macht hätte, die Kreativität ihres Autors zu lähmen. Alles ist blockiert; alle, auch das Publikum, sind von dieser Lähmung betroffen. Der Tod ist etwas so Unerforschliches, daß der bloße Gedanke, Hypothesen aufzustellen, töricht und wahnsinnig anmaßend ist. Die Wand des achtstöckigen Wagens stürzt auf den Bahnsteig des im Atelier aufgebauten Bahnhofs. HALT! VERSCHOBEN! BIS WANN?«

Dieser Prozeß des Aufschubs des Mastorna ist vielleicht schon zum Abschluß gekommen. In diesem

Fall ist an die Stelle des fragenden ›Wann?‹ seines Autors bereits das reale ›Wo?‹ seiner folgenden Filme getreten.

Auf der Suche nach Toby Dammit

Edgar Allan Poe, der Vater der amerikanischen Literatur, *poète maudit* und genialer Alkoholiker, der es in seinem andauernden Äthylrausch verstand, mit der bewundernswerten Scharfsichtigkeit dieses extremen Zustands die geheimsten Rauschzustände, die erschreckendsten Zwänge der menschlichen Natur darzustellen, ist wie ein liebevoller Schutzpatron in Fellinis Leben getreten. Mit seinem Erscheinen fiel eine Reihe von glücklichen Ereignissen zusammen: die völlige Genesung von der Krankheit; der endgültige Verzicht auf *Mastorna* und schließlich die Begegnung mit Bernardino Zapponi, dem neuen Freund und Drehbuchautor.

Es würde mich nicht wundern, wenn Fellini ein Bild von Edgar, blaß wie das eines lebendig Begrabenen, im Portemonnaie hätte, wie man ein Heiligenbildchen oder ein Amulett mit sich herumträgt.

Das Theater, in dem sich diese wechselvollen Ereignisse abspielten, kreuzten und vereinigten, war Fellinis neues kleines Büro, das erste, das er je besessen hat. Seit Jahren phantasierte er, oft mit der mangelnden Überzeugung des geborenen Vagabunden, von einem Büro, das ganz ihm gehörte, von einem ruhigen Ort, wo er seine Freunde, Mitarbeiter und Bekannten treffen könnte; aber in meiner Zerstreutheit und Trägheit und auch im Vertrauen auf Federicos große Anpassungsfähigkeit hatte ich die ernsthafte Suche nach einem Büro immer wieder hinausgeschoben. Außerdem hatten wir in den Büros der verschiedenen Produktionen, mit denen wir von Mal zu Mal zu tun hatten, in der Halle des Plaza oder in einem Eckchen des Café Greco unser Nomadendasein ganz gut überstanden.

Nun hatte sich Fellini in der letzten Phase der Genesung endgültig entschlossen: es mußte ein Büro gefunden werden. Und da waren wir nun: Via della Fortuna 27, drei kleine Räume, Kochnische und Bad in einem alten Gebäude im Zentrum, welches den Mechitaristenmönchen gehört, die ihren Sitz in Venedig haben. Es hat schon der ganzen heiteren Geduld eines Polizisten bedurft, die Federico manchmal hat, um den Verwalter, Padre Samuele, ausfindig zu machen, der sich zu tiefer Meditation zurückgezogen hatte.

In diesem kleinen Büro, das in einem alten, ansteigenden Sträßchen liegt, tritt Edgar Allan Poe in Gestalt von ›Les Films Marceau‹ in Erscheinung. Die französischen Produzenten machen Fellini den Vorschlag, eine Episode nach Poes Erzählung: ›Das verräterische Herz‹ zu drehen. Für die beiden anderen Episoden des Films – ›William Wilson‹ und ›Metzengerstein‹ zeichnen Louis Malle und Roger Vadim verantwortlich. Trotz der drohenden Wiederaufnahme des *Mastorna* bei De Laurentiis lehnt Fellini nicht gleich ab. Er will darüber nachdenken. Ich bin ziemlich sicher, daß es sich dabei um seine bekannte Unfähigkeit handelt, sichere, vernünftige und verantwortungsbewußte Entschlüsse zu fassen; um jene Haltung, die Ereignisse auf sich zukommen und sich von ihnen überrollen zu lassen; Ereignisse, deren Verschwinden nie durch sein präzises Eingreifen bestimmt wird, sondern dadurch, daß durch äußere Einflüsse andere Ereignisse, alte oder neue, an ihre Stelle treten: eine Art Gleichgewichtsspiel, das die Zufälligkeit, Natürlichkeit und Notwendigkeit einer chemischen Zusammensetzung zu haben scheint.

Die Erzählung von Poe liest er nicht einmal. Ich lese sie.

Inzwischen sucht er bei einem armseligen Schreiner am Stadtrand die Einrichtung für das neue Büro aus. Schreibtische, Regale und Schränke aus Teakholz, praktisch und anonym, ein Wohnzimmer, ebenfalls aus Teak, das aus großen, quadratischen Schaumgummipolstern besteht, die mit gelbem und schwarzem Stoff überzogen sind. »Das ist doch sehr gut so, nicht? Eine zu ausgesuchte, zu präzise und persönliche Einrichtung würde mich stören. Die Anonymität hingegen verpflichtet dich in keiner Weise, sie veranlaßt und zwingt dich zu keiner besonderen Stimmung oder Laune. Man fühlt sich wirklich frei. Und mich stimmt sie außerdem heiter.«

›Das verräterische Herz‹ gefällt ihm nicht, es erscheint ihm zu dürftig, erinnert zu sehr an Grand Guignol; dennoch gibt er nicht auf. Es beginnt ein atemberaubendes Durchstöbern von Poe. Eine, zwei, drei, vier Ausgaben aller seiner Erzählungen. Nach einer Woche ununterbrochener Lektüre bin ich völlig wirr: Es kommt mir so vor, als schwebte ich mitten in einer Menge lebendig Begrabener, als lebte und atmete ich zwischen den grausigen Erscheinungen makabrer Heldinnen. Meine Berichte an Fellini kommen mir vor wie die einer Kranken, die unerträgliche Irrungen und Wahnsinnstaten gesteht.

Fellinis Ungeduld, Fellinis typische, rein oberflächliche Ungeduld (eine Unruhe, die in konkreten Bewegungen ihren Ausdruck findet, denn im Grund besitzt er eine Geduld beispielhaften Ausmaßes) erreicht in diesen Tagen Höhepunkte, die wie komische Gags anmuten. Er schreibt ganze Scheckhefte mit der mechanischen Gier eines Nachtwandlers aus.

Der Rosenkranz von Poes Erzählungen ist zu Ende. Fellini ist von der Anfangsszene von ›Die Verabredung‹ fasziniert, weil sie sich für eine figurative Komposition von großer suggestiver Wirkung eignet. Der von Fackeln erleuchtete Canal Grande, das bleiche, versteinerte Antlitz einer Adligen in Abendrobe, die auf die Wasseroberfläche starrt, wo ihr Söhnchen verschwunden ist, Schiffer, Gondolieri, Lausbuben, die in diesem schwarzen Gewässer herumstöbern, der endlos lange Kopfsprung einer schwarzen Gestalt, die in einen Mantel gehüllt einem gigantischen, nächtlichen Vogel gleicht, von den Dächern eines Palazzo. Aber schließlich kann man aus einer einzigen Einstellung keine Episode von 30 Minuten machen.

Einen Sonntag lang gefällt Fellini die Idee, ›Der Engel des Sonderbaren‹ zu verwirklichen. Eine Reihe genauer, sauberer Bildchen nach Art des ›Corrierino dei Piccoli‹*; aber dann stellt er fest, daß jedes Bild im Atelier nachgebaut werden müßte, da die Handlung und die Umgebung so ungewöhnlich sind, daß Aufnahmen in natürlicher Umgebung nicht möglich wären.

Da tauchte zum ersten Mal ›Wer kann sich retten vor des Teufels Wetten‹ auf. Fellini begeistert sich ganze zwei Minuten lang für die Schlußszene der Erzählung: die gedeckte Brücke über den Fluß, mitten auf dem Land, das schwarze, hinkende Männchen mit dem glänzenden, in der Mitte gescheitelten Haar, das den davonrollenden Kopf von Dammit in seine kleine Schürze aus schwarzem Satin legt und dann, ohne sich umzudrehen, davongeht. Aber was erzählt man nur im Rest der Episode?

Als ich nun Fellini die Zusammenfassungen der verschiedenen Episoden vortragen soll, bin ich verunsichert; bei seinen sicheren, wenn auch wenig nachhaltigen Reaktionen habe ich das unangenehme Gefühl, ich würde möglicherweise die Verantwortung für eine Katastrophe tragen. Mich beruhigt jedoch der Eindruck, daß die ganze Angelegenheit offenbar noch ziemlich in der Schwebe und nicht so wichtig ist, da Fellini Poes Erzählungen ja nicht selbst liest. Aber nicht einmal als die Sache konkrete Formen annimmt, hat er auch nur eine einzige gelesen. Seine Bekanntschaft mit dem Autor der ›Grotesken und Arabesken Erzählungen‹ liegt zwanzig Jahre zurück, aber nicht einmal diese Gelegenheit, die doch eigentlich verpflichtend, wenn nicht gar sti-

* Kinderbeilage des ›Corriere della Sera‹.

mulierend ist, bringt ihn dazu, sie nun unter detaillierterem Aspekt zu vertiefen.

Obgleich ihn das Projekt einer Poe-Verfilmung nicht begeistert, kann sich Fellini nicht entschließen, die Verhandlungen mit den Franzosen abzubrechen. Im Gegenteil, er durchsteht die einzelnen Phasen mit einer Liebenswürdigkeit, welche sich mit den Ungelegenheiten, die der Gegenstand dieser Verhandlungen ihm bereitet, die Waage halten. Er beginnt sogar über die Realisation der Episode nachzudenken; es kommt der Punkt, an dem er mit den Produzenten aus Paris tatsächlich einen Vertrag unterzeichnet.

Bei Fellini ist eine derartig unüberlegte, hastige Handlungsweise ganz normal. Er ist ein Regisseur, der, wenn er nicht arbeitet, seine Zeit damit verbringt, Verträge und Optionen zu unterschreiben und ein ganzes Netz von Verpflichtungen, Terminen und Motiven für berufliche Zwänge zu knüpfen, um der eigenen trägen und unberechenbaren Natur den Anschein von Disziplin und angemessener Programmierung zu geben.

Das Büro an der Via della Fortuna ist jetzt vollständig eingerichtet. Fellini, endlich zufrieden, betrachtet es oft mit schmerzlicher Zärtlichkeit, versucht herauszufinden, womit es Ähnlichkeit hat, sucht nach einer Beschreibung, aber sein Kommentar, der von einem fröhlichen Lachen begleitet wird, ist stets derselbe: »Mein Organisationstalent, meine Aktivität sind nur bei absolut unnützen Unternehmungen wirklich produktiv ...« In der Tat ist das einzige sichere Charakteristikum dieses Büros seine heitere, heikle Rätselhaftigkeit. Das Fehlen jeder Notwendigkeit, jeden konkreten Zwecks macht daraus so etwas wie eine metaphysische Dimension, in die man sich begibt, um nachzudenken, sich auszuruhen oder um zu verschwinden.

Aber Poe? Welche Erzählung auswählen?

Wie immer, wenn er unentschlossen ist und ihn die Zweifel und Unsicherheiten einer im Grund wenig interessanten Situation bedrängen, fängt Fellini an zu lamentieren; er wird lästig wie ein Kind, das keinerlei Unbehagen ertragen kann, weil er es nicht versteht, oder wie eine brummige alte Tante, die sich ihr Unbehagen nicht erklären will, damit sie weiterhin lamentieren kann. Dann ärgert er sich über jeden, und in diesem besonderen Fall über Poe, die französischen Produzenten, aber vor allem über sich selbst.

Seine einsamen, indirekten Wortgefechte mit Poe sind allgemein betrachtet ein durchaus sinnvolles Klagelied, jedoch reichlich komisch, da ihn ja niemand dazu zwingt: »Nun sag mir doch nur einmal, was für einen Sinn ein verfilmter Poe haben soll. Abgesehen davon, daß diese Transpositionen und Assoziationen immer unnatürlich und unglücklich sind, ist Poe ein so großer Schriftsteller, daß sein Stil eine perfekte Einheit darstellt, wo sich die Bilder und ihre Bedeutung gegenseitig durchdringen und erhellen. Poe von seinem geschriebenen Werk zu trennen und das heutzutage nach den Erfahrungen des Existenzialismus, des Surrealismus und der Psychoanalyse ist ein willkürliches, wenig interessantes Unternehmen, welches den beiden von der Phantasie bestimmten Intuitionen und Konstruktionen jegliche Anziehungskraft raubt. Eine wirklich getreue Übertragung vornehmen? In diesem Fall ist Mario Brava der Regisseur, qualifizierter, konsequenter und für ein solches Vorhaben geeigneter.«

Mit den Produzenten verfährt er noch drastischer und aggressiver: *»Edgar Allan Poe von Federico Fellini gesehen* wirkt wie ein Werbeetikett, ein Slogan, von unwissenden, gewöhnlichen Geschäftemachern der Filmbranche erdacht.«

Wenn man ihm nun sagt: »Hör mal, Federico, was quälst du dich so? Im Grunde geht es doch nur um eine Episode von 25 Minuten, eine relativ unbedeutende Sache. Müh dich also nicht ab, eine totale, enthusiastische Zustimmung zu finden. Mach die Episode so gut du kannst, eben als der höchst gewandte Filmmann, der du bist«, antwortet er aufgebracht: »Das ist keine Frage der Länge, der 25 Minuten oder einer halben Stunde, und auch nicht der Zustimmung oder des Enthusiasmus. Das wirkliche Problem besteht darin, ob eine Sache dir Spaß macht oder nicht, ob sie deine Vorstellungskraft, deine Phantasie anspricht oder ob sie dir gleichgültig ist. Und ich habe eben wenig Lust, diese Episode zu machen. Das ist so, als wollte ein Mann mit einer Frau schlafen, ohne es zu können.«

Also zieht man ein anderes Register: »Schau, Federico, es gelingt dir doch nicht, etwas zu machen, was dir nicht kongenial ist, was nicht aus deinen Bedürfnissen entspringt, an das du nicht ganz und gar glaubst. Gib dich also nicht der Illusion hin, du könntest deine Arbeit ausschließlich auf einer professionellen, distanzierten Ebene erledigen. Komm endlich zur Ruhe, laß alles sein und fang sofort wieder mit dem *Mastorna* an.« Aber er entgegnet polemisch: »Nein, ganz im Gegenteil. Vielleicht bin ich dumm und dazu noch eingebildet. Ich bin nicht zufrieden, wenn ich nicht jedesmal lange, mühsame und autonome kreative Phasen durchmache. Wenn einer lebendig und vital ist, wird alles, was er anfaßt, ebenso lebendig und vital. Und außerdem ist das einzige, was zählt, daß man etwas tut. Alles andere sind Worte, Literatur oder intellektuelle Streitereien.«

In diesen Augenblicken überkommt einen das Verlangen, Federico in die Arme zu nehmen und ihn zu beruhigen, denn seine menschlichen Schwächen nehmen die argwöhnischen, sogar ein wenig eitlen Formen eines scheuen unsicheren Jünglings an.

Ich glaube, daß Fellini sich in diesen Tagen deshalb unbehaglich fühlt, weil er der Muße, in der jeder Zwang, jede Verpflichtung und jede Verantwortung zurückgestellt wären, überdrüssig ist, weil er wieder in eine Arbeitsroutine hinein möchte.

Kurz und klar wie ein Blitzstrahl, der sofort wieder im Dunkel verschwindet, kommt seine Überlegung, die Erzählung ›Die Sense der Zeit‹ zu verwirklichen: »Die alte Dame lasse ich von Margaret Rutherford darstellen, die Episode drehe ich ganz in ihrer natürlichen Umgebung in Siena und in der Kathedrale von Siena.« Ebenso blitzartig das Gegenargument: »Aber nein, ach was, sie erscheint wie die gewollte und heikle Wende eines Traums, und dann ist es ja auch keine richtige Erzählung, sondern nur ein Vorwand für Poe, gewissen literarischen Moden seiner Zeit zu folgen.«

Und jetzt tritt das Unerwartete mit einem ebenso geheimnisvollen Namen auf den Plan: GOBAL. *Gobal* ist der Titel einer Sammlung kleinerer Novellen von Bernardino Zapponi, die alle eine groteske, absurde, kafkaeske Atmosphäre haben. Goffredo Parise, der eine scharfsinnige Einleitung zu Zapponis Bändchen geschrieben hat, erzählt Federico davon und empfiehlt ihm, es zu lesen. Fellini verliebt sich sofort in eine Erzählung mit dem Titel: *C' è una voce nella mia vita*. Er telefoniert mit Zapponi und sucht ihn auf. Raten Sie einmal, wo er wohnt? Dem Büro in der Via della Fortuna genau gegenüber. Solche Zufälle können Federico in Entzücken versetzen, nicht so sehr wegen eines unrealistischen Aberglaubens, als vielmehr aus einer ungemein rationalen, gleichsam selbstverständlichen, praktischen Überlegung heraus: Die Leichtigkeit, mit der manche Ereignisse ihren Anfang nehmen und ablaufen, zeigt ihre gute Absicht, ihre glückliche Zwangsläufigkeit.

Die Begegnung mit Bernardino Zapponi kann die inzwischen dominierende Gegenwart von Edgar Allan Poe nicht verdrängen, aber sie kennzeichnet den Anfang einer neuen Zusammenarbeit und einer ebenso unerwarteten wie echten Freundschaft. Zapponis Besuche in dem kleinen Büro erfolgen nun täglich und mit großer Herzlichkeit, eben wie die eines Nachbarn. Zapponi ist ein Mann von ungefähr 40 Jahren, mit einem sympathischen, schüchternen Gesicht. Er bewegt sich langsam und spricht langsam und bedächtig. Sein ruhiger, unerschütterlicher

Humor ist keine sporadische Funktion seiner Intelligenz, sondern eine Art endgültiger, beurkundeter Zustand. Das letzte Wort eines jeden Satzes, jeder Betrachtung oder jeder Frage wird von einem heiseren, kleinen Lachen und einem raschen, feuchten Blick begleitet, als wolle Bernardino einem zu verstehen geben: ›Ich weiß, was ich mit dem Gesagten meine. Und nun wirst du sehen, was mit dir passiert.‹

Fellini eilt mit Zapponis Erzählung unter dem Arm zu den Franzosen. Mit der Begeisterung und dem lebhaften, mitreißenden Stil, den er hat, wenn er überzeugen, verführen will, erläutert er ihnen die Handlung. Die Franzosen sind fasziniert, aber auch bestürzt, weil sie nicht mehr verstehen, um welchen Film es geht, wo denn Poe geblieben ist und was es mit diesem Zapponi auf sich hat. Federico nimmt ihre Bestürzung als eine schweigende Zustimmung und kehrt voller Begeisterung und Ideen nach Hause zurück. Aber da türmt sich ein unüberwindliches Hindernis auf: Ein anderer italienischer Regisseur hat bereits die Rechte an *C' è una voce nella mia vita* erworben. Federico bittet, beharrt, aber es ist nichts zu machen. Nun beginnt er, das Buch von Zapponi erneut durchzulesen, und er findet eine andere Erzählung, die ihm gefällt: *L'autista.** Wieder geht er zu den Franzosen. Er macht den Eindruck eines Schatzsuchers, der zwischen einer soeben entdeckten Diamantablagerung und dem Sitz der Diamantencompany hin und her reitet.

Dieses Mal stellen ihn die Franzosen, die sich von

* Der Chauffeur

der vorangegangenen Bestürzung erholt haben, vor die trockene, endgültige Alternative: Entweder Poe oder nichts. Man mag dieser Alternative die Schuld an allem Möglichen geben, aber man kann nicht umhin zuzugeben, daß sie völlig legitim ist. Auf alle Fälle verhindert sie, daß sich die ganze Geschichte endlos, wenn auch erheiternd, wiederholt.

Fellini versteht die seiner Ansicht nach törichte Ablehnung der Produzenten nicht. »Kannst du mir mal erklären, was das Publikum sich daraus macht, wenn die dritte Episode nicht von Poe ist? Ganz davon abgesehen, daß die Atmosphäre, das Genre fast das Gleiche ist und keinen Kontrast zu den beiden anderen Episoden bilden würde. Und dann gefällt mir die kleine Erzählung von Zapponi auch besser, ich würde sie lieber und folglich auch besser machen!«

Die Auswirkung der Starrheit der Produzenten wird sogleich spürbar. Ostentativ konzentriert sich Fellini nun auf einen ganz düsteren, konventionellen Poe: Die Erzählung, die er ins Auge faßt, heißt: ›Das vorzeitige Begräbnis‹, und er verwandelt sie sofort in eine blutrünstige Farce, auf die er sein ganzes Imaginationsvermögen verwendet. Während einer Mußestunde in der ruhigen Rätselhaftigkeit des kleinen Büros macht er sich rasch eine Seite Notizen, die er nicht einmal beendet, auf der aber, so kann man sagen, die vollständige Systematisierung der Erzählung enthalten ist:

»Ort der Handlung: Neapel.

Natürlich nicht das übliche Neapel der Feste, der

Zerlumpten, der Schreihälse, der Folklore, sondern das geheimnisvollere, verstecktere, das mit größerem Entsetzen erfüllt. Das Neapel, das mich in Schrecken versetzt; eine krebsartige Absonderung jahrhundertealter Ignoranz, Feigheit, Aberglaubens und Gerissenheit.

AMBIENTE: Eine schöne große Kirche mit hoher Barockkuppel mitten in einer Gruppe alter Häuser, Terrassen, Balkons und Leuchtreklamen auf den Dächern. In der Nähe der Bahnhof. Die Untergrundbahn. Die Seilbahn. Der Tunnel mit seinen unterirdischen Gängen. Das stinkende Meer. Von anderen Einfällen abgesehen könnte sich der Protagonist auch einen Kahn-Sarg ausdenken, könnte sich ein Grab mit einer Rutsche bauen lassen, welche direkt ins Meer führt und auf hoher See aufwachen. sos-Raketen. Bergung.

SCHAUSPIELER: Mac Roeny (Mariannini oder Sordi?). Aus ihm einen dreckigen Sakristan machen, der, weil er immer mit Beerdigungen zu tun hat, von der schrecklichen Vorstellung verfolgt wird, lebendig begraben zu werden.

In diesem Fall müßte die Episode wahrscheinlich in Rom spielen oder noch besser in einem der römischen Kastelle (Marino, Frascati, Genzano).

Die Vorzüge von Poes Erzählung (in filmischer Hinsicht):

a) ERZÄHLUNG IN DER 1. PERSON

Nahaufnahme der verwirrten, exaltierten Gestalt, die spricht, ihre Angst eingesteht, um Hilfe bittet, die ihren ganzen schrecklichen Wahn durchlebt und

dabei zusammenhanglos mit dem Publikum spricht.
b) Die drei oder vier kleineren Episoden vom frühzeitigen Tod einiger Personen.
c) Die Apparaturen, die er sich ausdenkt, um aus dem Sarg und dem Grab im Falle einer verfrühten Beerdigung herauszukommen.
d) Der Alptraum mit dem Gespenst, das mir den Friedhof mit den geöffneten Gräbern zeigt.
e) Das Finale (?), das jedoch noch gefunden werden muß. Bootsausflug mit leichten Mädchen. Falls es Sordi wäre, könnte man sich denken, daß am Ende ...«

Nachdem die Produzenten Fellini über Land und Meer verfolgt haben, um seine Mitarbeit zu erreichen, empfinden sie fast immer, wenn der Vertrag unterzeichnet ist, sonderbarer-, wenn auch verständlicherweise eine leichte Genugtuung, in die sich Sorge und Mißtrauen mischen, nun mit wachem und beharrlichem Eifer ihre Autorität und Macht geltend zu machen. In der Tat kann es leicht vorkommen, daß sie von Fellinis Vitalität, seiner Persönlichkeit und seinem Prestige dauernd überrumpelt werden und ihre Rolle – im allgemeinen die einzig entscheidende bei der Verwirklichung eines Films – dadurch beschnitten wird. Im allgemeinen kommen ihre häufig unbewußten Rachegelüste Fellini gegenüber nur in verzweifelten, aber unbedeutenden, rechthaberischen Auftritten im Operettenstil zum Ausdruck.

Auch ist Fellini im Gegensatz zu der falschen Legende, er sei ein launischer, unberechenbarer, gefährlicher Regisseur (eine Legende, die wahrscheinlich die Produzenten, die Fellinis Filme realisieren, selbst in die Welt gesetzt haben, um ihre Arbeit aufzuwerten), versöhnlich und stets bereit, eine Idee durch eine andere, weniger kostspielige zu ersetzen. Nun besänftigt aber diese unerwartete Enttäuschung die Produzenten in keiner Weise, sondern scheint sie nur noch zorniger zu machen.

In diesem Fall hat Fellini es sofort abgelehnt, ›Das verräterische Herz‹ zu machen, das die Produzenten ihm vorgeschlagen hatten; er hat sich in aller Ruhe daran gemacht, das gesamte Werk Poes zu durchstöbern; nicht nur das, sondern mit einer ebenso naiven wie unannehmbaren Initiative hat er sich auch noch einem anderen Autor zugewandt.

Nun sind die Produzenten an der Reihe. Sie halten ohne Zweifel aufgrund ihres sachverständigen Urteils, aber auch aus dem Wunsch nach Vergeltung heraus entgegen, daß ›Das vorzeitige Begräbnis‹ zu komplex ist, daß es das Publikum verwirren könnte, da es seinerseits aus drei kleineren Episoden, nämlich drei Fällen von Scheintoten besteht.

Mit der bereitwilligen, realistischen Nachgiebigkeit von jemand, der sich in eine Situation schickt, die er im Grunde genommen gewollt hat, macht Fellini einen Satz nach rückwärts und stürzt sich wieder auf ›Wer kann sich retten vor des Teufels Wetten‹.

»Es geht darum, die Schlußszene, wo es zur Wette und zum Unfall kommt, der den Protagonisten den Kopf kostet, zu inszenieren, mit einer kleinen Vorgeschichte. Da komme ich mit drei Drehtagen und 15 Minuten Film aus. Die Sache könnte etwa so ablaufen:

Ein Sonntagmorgen dämmert herauf; die Dunkelheit verschwindet langsam. Aus einem Gebäude in der Nähe des Ponte Milvio, das noch erleuchtet ist, hört man Stimmen und Rufe. Zwei Männer treten aus der Haustür, sie sprechen miteinander über dies und das; in kurzer Entfernung folgen ihnen ihre Partnerinnen, zwei Frauen, die sich kämmen, ihr Make-up erneuern und miteinander herumalbern. Es herrscht die ausgelassene, euphorische Stimmung nach einer durchfeierten Nacht. Die Beleuchtung in den Straßen erlischt, nun herrscht nur noch die abstrakte, unbewegliche Helligkeit der Morgendämmerung. In der Mitte des Ponte Milvio befindet sich um eine Baustelle herum ein kleines Eisengestell. Teils im Scherz, teils weil er betrunken ist, sagt einer der Männer, daß er über das kleinere Gestell aus Innocenti-Röhren springen will und fordert zur Wette auf. Sie ist wie ein Losungswort, welches einen fatalen Mechanismus in Gang setzt. Der Mann führt den Sprung aus, der Kopf springt weg, während die Freunde mit einem dümmlichen, ungläubigen Lächeln dastehen, welches langsam verschwindet. Der Teufel könnte in der Gestalt eines Tankwarts stecken, der im Glashäuschen einer nahe gelegenen Tankstelle vor sich hindöst. Oder in einem Straßenbahnfahrer, der hurtig über die Brücke geht, das Päckchen mit dem Frühstücksbrot unter dem Arm.

Alles in allem eine strenge, kleine Erzählung, durch die sich eine Art von metaphysischem Schrecken zieht, wie in ›Der Schlag ans Hoftor‹ von Kafka.«

Als er eines Abends von der Villa Florio, wo er zusammen mit Bernardino Zapponi zu Abend gegessen hat, zurückkehrt, sieht Fellini den Ponte dell'Ariccia, der durch einen Einsturz seit einigen Monaten unterbrochen ist. Er ist fasziniert von dem klaren Profil der gewaltigen Arkaden, die in die Tiefe des dunklen, grünen Tales hinabführen. Der Ponte Milvio verschwindet natürlich wie bei einer Überblendung. Könnte der Unfall mit dem abgetrennten Kopf nicht hier stattfinden? Ein Verrückter oder ein Betrunkener beschließt, mit dem Auto von einem Ende der Brücke zum anderen zu springen. Kein metaphysischer Schrecken mehr, sondern die verzweifelte Herausforderung eines Selbstmordkandidaten.

In einer Zeitschrift sieht er ein Foto von Peter O'Toole, und schon nimmt die Figur des Protagonisten Gestalt an und präzisiert sich. Einige Arbeitsbesprechungen mit Zapponi, und schon tritt die Angelegenheit auch aus dem unendlichen, verwirrenden Interregnum von Hypothesen und Möglichkeiten heraus.

Ein englischer Schauspieler, ein Filmstar, ein hervorragender Shakespeare-Darsteller, der nicht mehr gefragt ist, kommt nach Rom, um in einem Italo-Western zu spielen.

Die schmutzige Notwendigkeit dieser Reise. Die irreale, unangemessene Begegnung mit einer unbekannten Stadt durch das Fenster eines fahrenden Autos.

Das grausame, alberne Fernsehinterview. Das unwirkliche, alptraumartige Fest, das ihm zu Ehren veranstaltet wird. Der nächtliche Ausflug in einem schnellen Rennwagen zu den römischen Kastellen, vor einem wechselnden Hintergrund phantastischer Kulissen, die von der kalten Neugier der Autoscheinwerfer durchschnitten werden. Die Wette und das fatale Bravourstück des Sprungs über die Brücke. Alle diese Ereignisse haben die warme, gewohnte Beziehung zum Leben verloren; sie sind rätselhaft geworden, sic haben für den englischen Schauspieler die körperlose Transparenz von Vorahnungen erlangt und sind die unvermeidlichen Schritte, mit denen er sich auf den Tod zubewegt.

Peter O'Tooles bleiches Antlitz eines närrischen, kindischen, teuflischen Pierrot ist der passende Kontrapunkt, das Maß, der sichtbare, rätselhafte Ausdruck eines sich erfüllenden Schicksals.

Nach zwei Monaten voller Hypothesen, Zweifel, sofort verworfener, aber dann doch wieder aufrechterhaltener Wahlen und unbefriedigender, bisweilen amüsanter, oft polemischer Recherchen ist von der Erzählung des verehrten Edgar Allan Poe nichts als ein Titel, eine Brücke und eine verstiegene Wette übriggeblieben.

Das Büro an der Via della Fortuna ist nach nur zweimonatiger, beharrlicher Arbeit brutal mit den neuen Räumen der PEA* im Largo Ponchielli vertauscht worden (Alberto Grimaldi beteiligt sich mit einem kleineren Teil an der Coproduktion mit den Franzosen).

Fellini und Bernardino Zapponi sehen sich fast

* Filmproduktionsgesellschaft; Inhaber: Alberto Grimaldi, der in der Folge *Satyricon* produzierte.

täglich, um das kleine Drehbuch zu ›Wer kann sich retten vor des Teufels Wetten‹ zu erstellen. Die beiden sprechen und diskutieren über alles, nur nicht über die Episode. Und wenn sie es ein paar Mal tun, dann nur, um die kleine Erzählung von Poe systematisch umzugestalten, um den armen Edgar mit dem unverschämten Vergnügen zweier Lausbuben zu demütigen. Sie definieren die Charaktere der Personen und skizzieren die Situationen; es entsteht eine Zusammenarbeit, die auf einer gewissen zügellosen, jugendlichen Kongenialität beruht.

Enzo Provenzale, einem gutmütigen Kobold ähnlich, ist die Seele des Büros im Largo Ponchielli. Vor ungefähr zwanzig Jahren war er Fellinis Mitarbeiter in dessen erstem Film *Lo Sceicco bianco*. Nach dem Ende der langen, freundschaftlichen Zusammenarbeit mit Clemente Fracassi (*Das süße Leben*, *8½* und *Julia und die Geister*), scheint nun Enzo Provenzale zum neuen Generalorganisator bestimmt.

Es ist Provenzale, der die Fundamente zur Verwirklichung der Episode legt, die ersten Kontakte zu Mitarbeitern und Technikern knüpft und der Vorbereitung tagtäglich eine konkrete Ordnung gibt.

Die beiden größten Probleme, die die Vorbereitung von ›Wer kann sich retten vor des Teuels Wetten‹ so mühsam gestalten, sind die eingestürzte Brücke, wo am Schluß der Sprung des unglücklichen Toby Dammit (das ist der Name des Protagonisten) stattfindet, und der Schauspieler, der den Protagonisten verkörpern soll.

Nach dem Verzicht auf den Ponte dell'Arriccia, dessen gefährlicher Zustand keine Dreharbeiten gestattet und den ergebnislosen Nachforschungen nach eingefallenen Brücken in halb Italien, deren zusammenfassende Berichte aufgrund der reichhaltigen Details an militärische Operationen erinnern, wird die Möglichkeit, die Brücke im Studio zu konstruieren, zur Notwendigkeit.

Die Konstruktion einer Brücke für eine Episode, die keine weiteren szenisch-architektonischen Erfordernisse hat, müßte recht problemlos sein; es müßte eigentlich ein durchschnittlicher Verstand ausreichen. Doch da taucht die Person auf, die für ein derartiges Unternehmen am ungeeignetsten ist: Fabrizio Clerici, ein alter Freund von Fellini, ein begabter Maler. Und so weit geht alles vortrefflich. Leider ist er aber durch seine dreißigjährige Tätigkeit als Architekt in Theater und Oper überhaupt nicht mehr an die Bereitschaft zum Kompromiß, zur Notlösung und zur Veränderung gewöhnt, die beim Film unerläßlich sind. Die Zusammenarbeit der Freunde dauert genau zwanzig Tage und erinnert an das unglückselige Zusammenleben zweier Tauber. Fellini verbraucht ganze Skizzenblocks, um zu zeigen, was er möchte. Clerici breitet überall wunderbare Skizzen ganz unwahrscheinlicher Brücken aus, bei denen der Einsturz, die Unterbrechung an Motive eines Melodramas, einer Tragödie des 19. Jahrhunderts erinnern. Was den Mangel an Übereinstimmung zwischen Clerici und Fellini am deutlichsten spürbar macht, sind ihre beiden Stimmen, die ununterbrochen während der zahllosen, unnötigen Besprechungen miteinander diskutieren: Der leise, weiche, beharrliche Tonfall Fellinis und die kräftige Stimme des Architekten, die in baritonartigen Echos widerhallt.

Schließlich, anhand einer der zahllosen, nun schon zur Obsession gewordenen Skizzen Fellinis, klärt ein Entwurf des Malers Vespignani die Situation.

Die Sache mit dem Schauspieler ist komplexer und endet ebenfalls mit einem Austausch. Man kann sagen, daß Federico das Drehbuch Peter O'Toole auf den Leib geschrieben hat, das heißt daß er dabei den englischen Schauspieler selbst ganz in den Inhalt der Episode eingebaut hat. Wahrscheinlich verlieren die französischen Produzenten zu viel Zeit, bis sie Verhandlungen mit Peter O'Toole beginnen; inzwischen geht der englische Schauspieler andere Verpflichtungen ein, die seine Mitwirkung bei der Fellini-Episode äußerst schwierig machen. Schließlich hat die Lektüre des Drehbuchs dann eine eindeutige Absage zur Folge. Peter O'Toole erkennt sich in dem verdrehten Toby Dammit wieder, und wenn ihn auch die Aussicht auf eine Zusammenarbeit mit Fellini sehr reizt, denkt er schließlich doch an seine Karriere und zieht sich aufgrund von alles in allem moralistischen Bedenken zurück. Er fürchtet, daß er in weiten Kreisen des Publikums an Popularität einbüßen könnte, wenn er bedenkenlos einwilligte, sich selbst in einem Film darzustellen. Federico, der sich auf eine Sache oder Person um so mehr zu versteifen scheint, je mehr sie ihm entgleitet, reist sofort nach London. Er lernt Peter O'Toole persönlich kennen und verliebt sich endgültig in ihn. Der Schauspieler kommt ihm vor wie eine zarte, ein wenig trübsinnige kleine Schwester, so daß er ihn von Zeit zu Zeit mit der gerührten und gespannten Zärtlichkeit der Betrunkenen liebkost. Da das Interesse für den englischen

Star größer geworden ist, zeigt Fellini eine außergewöhnliche Überzeugungskraft. Der faszinierende Peter O'Toole gibt, von Fellinis Willen überwältigt, nach und sagt seine Mitwirkung bei der Episode zu, aber nach drei Tagen überlegt er sich's anders, die alten Bedenken kommen ihm erneut, er telefoniert nach Rom. Das Telefongespräch wird immer stürmischer. Fellini verlangt Erklärungen und wird böse, aber es ist alles umsonst. Die Entfernung, das Telefon selbst, bieten O'Toole sicheren Schutz, der ihn gegen die Angriffe des Regisseurs immun macht. Die Zeitungen verkünden schadenfroh, daß Peter O'Toole es abgelehnt hat, mit Fellini zu arbeiten.

Nun beginnt die Jagd auf einen Ersatzmann.

Eine Woche lang regnet es Dutzende von Fotografien der berühmtesten Schauspieler der Welt auf Fellinis Tisch. Es werden Stapel von ›Spot-lights‹ und das Handbuch der Filmschauspieler herangezogen. Es werden Passagen aus allen Filmen der letzten drei Jahre vorgeführt. Das Kriterium für die Auswahl der Kandidaten beruht nicht mehr auf den Charakteristika der Figur, man versucht vielmehr aus dem Gesicht des betreffenden Schauspielers herauszulesen, inwieweit er die psychologische Veranlagung mitbringt, die tragische Kinderei des Sprungs über die Brücke zu begehen oder nicht. Richard Burton? Nein, er ist der Typ, der betrunken hinderlich wird, ein schwitzender Eber, der unter den Tisch rutscht und dort liegen bleibt. Marlon Brando? Ach was, mit seinem vollgefressenen Hintern eines Erfolgsmenschen bringt er nicht die Unschuld und Unerfahrenheit von jemand mit, der sich in eine törichte Unternehmung stürzt. Wenn er ins Auto steigt, weiß er immer, wohin er fahren muß und kommt wohlbehalten dort an.

Die Reihe der Kandidaten ist inzwischen auf zwei zusammengeschrumpft: James Fox und Terence Stamp. Der erste macht mit seinen langen blonden Haaren und seinem Pony den Eindruck eines verrückten kleinen Mädchens, eines graziösen, exotischen Tierchens. Der zweite hat das bildschöne Gesicht eines romantischen Helden. Wie bei einem Wettkampf, bei dem alles dem Zufall überlassen bleibt, geht Terence Stamp als Sieger hervor.

Fellinis Reaktion nach ihrer ersten Begegnung ist im Grunde genommen recht zweideutig: »Er sieht aus wie Walter Chiari; ein Walter Chiari mit blonder Perücke. Aber noch mehr gleicht er ihm psychisch, psychologisch; er ist genauso energisch und rastlos. Der einzige Unterschied besteht darin, daß Terence Stamp nicht mit Wanda Osiris, sondern mit John Gielgud debütiert und nicht Texte von Castellano und Pipolo, sondern Shakespeare rezitiert hat. Im Restaurant gestern abend hatte er die verschiedensten Stimmungen. Er spielte den Hanswurst, dann war er ernst, dann lachte er wieder und machte Witze mit den Kellnern, dann wieder wurde er melancholisch für eine ganze Weile. Krank ist er nicht. Er hat eine unruhige Natur, wirkt aber in keiner Weise beunruhigend.«

Zwei Tage nach seiner Ankunft in Rom unterzieht sich Terence einer Schmink- und Kostümprobe. Sein langer, hochgewachsener, jugendlicher Körper steckt in Hosen aus violettem Atlas, einem weißen Hemd mit Jabot, einer schwarzen Samtjacke, um den Hals ein schwarzer Seidenschal. Sein Gesicht, das unter einer dicken, kalkigen Schminkschicht beinahe zu einem Gipsabdruck erstarrt ist und halb an den Zirkus, halb an eine elisabethanische Tragödie erinnert, hat den abwesenden, entrückten Ausdruck eines von Drogen und Alkohol zugrundegerichteten Menschen. Die sehr langen, zerzausten, strohblonden Haare werden dauernd angefeuchtet, um die für die Alkoholiker typischen Schweißausbrüche vorzutäuschen. Eine gekonnte Aufwärtsbewegung der rechten Augenbraue in der Nähe der Nase verleiht den tiefblauen Augen einen irren, überheblichen Blick.

Das Ergebnis dieser kosmetischen Operation ist eine Figur mit einem faszinierenden, unzeitgemäßen Charakter. Er ist die Objektivation klassischer, romantischer Motive, der Leidenschaft, des Mutes, des Glaubens, des Aufruhrs, des Todes, die dauernd von Elementen einer ganz neuen Romantik untergraben werden, die entzauberter und grausamer ist, nämlich von Desillusion, Unsicherheit, Machtlosigkeit und Angst.

Zum ersten Mal arbeitet Fellini mit einem Schauspieler, den er überhaupt nicht kennt, der nicht seiner eigenen Generation angehört. Und so geschieht es auch zum ersten Mal, daß sich zwischen dem Regisseur und dem Darsteller eines seiner Filme nicht jenes fast verliebte Komplizentum, jene lebhafte, wechselseitige Identifikation und Verzauberung und jene Spannung entwickelt haben, die für das Werden und Wachsen der Figur unerläßlich sind.

Die Bedingung ›Der Schauspieler wird zur Gestalt, die er verkörpert‹ hat sich in vielen Filmen von Fellini verwirklicht. Und nicht aufgrund eines unvorhergesehenen, günstigen psychoseähnlichen Phänomens oder eines Zauberkunststücks, sondern weil der Schauspieler, den Fellini auswählte, nicht die Gestalt verkörperte, sondern in einer komplizierten und zweifelhaften Weise schon selbst diese Gestalt war.

In mehreren Filmen hat Fellini Begebenheiten, Emotionen und Erfahrungen von sich und Erinnerungen aus seinem persönlichen Leben erzählt; auch wenn er sie in die Dimension der Phantasie, der Erinnerung oder des Humors verlegt und sie dadurch ihrer nicht darstellbaren individuellen Besonderheiten entkleidet und so der vielleicht wahreren und ganzheitlicheren Objektivation des Poetischen zuführt.

Wenn also der Protagonist eines Fellini-Films aufgrund verschiedener Ausdrucksformen und Schattierungen Fellini selbst war, konnte dieser sich nicht einfach auf einen guten Schauspieler verlassen, der für die Rolle nur ungefähr paßte, und so im Bereich des Ästhetischen eine Verbindung von Darsteller und Rolle oder zumindest eine große Wirklichkeitsnähe erreichen. Von einer solchen Verbindung war Fellini allzu direkt betroffen, als daß sie nicht zwangsläufig zu Spannung, einer Konfrontation und Überprüfung der Wirklichkeit geführt hätte.

Das Dreiecksverhältnis, das zwischen Fellini, dem Schauspieler und der Gestalt entstand, war daher unvorhersehbar und fluktuierend. Man wußte nie so genau, ob der Schauspieler davon ergriffen wurde, die subjektive Problematik objektiv zu verkörpern, die der eine Fellini im Hinblick auf den anderen, nämlich die Figur, sah, oder ob die körperliche Anwesenheit des Schauspielers, sein Eingreifen, das niemals nur funktional war, sondern bei dem stets die ganze menschliche Kreativität des Schauspielers ins Gewicht fiel, nicht schließlich doch die vorher konzipierte Gestalt etwas veränderte und das vorige System der Beziehungen zwischen Fellini und der Gestalt modifizierte. So würde schließlich eine Art Spiegel entstehen, der vielleicht begrenzter und bindender war als die glanzvolle Näherung einer Selbst-Invention und weniger anziehend als die narzistische Strenge der Selbstanalyse, der aber in dem Augenblick, in dem Fellini sich darin wiedererkannte, das provozierende und daher zur Klärung führende Eigenleben eines problematischen Doppelgängers erlangte.

Auch im täglichen äußeren Verhalten ist Fellinis Verhältnis zu seinem Hauptdarsteller lange Zeit hindurch singulär oder klassisch gewesen; es hängt davon ab, ob man es mit berufsmäßiger Konvention beurteilt oder mit der kreativen Realität zusammenfallen läßt. Er legte ihm gegenüber eine mütterliche Fürsorge an den Tag, umgab ihn mit dauernder Zärtlichkeit und einem gierigen Interesse und widmete ihm eine übertriebene, beherrschende Sensibilität; eine natürliche und gesteigerte Abhängigkeit, ein Besitzanspruch, eine gewalttätige Haltung banden ihn an den Schauspieler. Ob Fellini nun dem Schauspieler zuhörte, ihm Fragen stellte, ihn provozierte oder mit ihm sprach, oder ob sie einfach schweigend nebeneinanderstanden, sie waren gleichsam im gleichen

Fellini bei den Dreharbeiten zu ›Toby Dammit‹

ARRIVI-ARRIVALS
USCITA - EXIT

Edgar Allan Poe, gezeichnet von Fellini

Terence Stamp als ›Toby Dammi

Magnetfeld eingeschlossen, zwischen ihnen herrschte das stille Einverständnis, die Solidarität von Menschen, die sich gemeinsam einer Anstrengung, einem Experiment unterziehen.

Die Tatsache, daß ›Wer kann sich retten vor des Teufels Wetten‹ keine Geschichte von Fellini ist und Toby Dammit nicht sein Geschöpf, erklärt die Notwendigkeit dieses neuen Verhältnisses zum Schauspieler. Er spürt in der Tat, daß er Poes Gestalt, die einzig mögliche, von außen her aufbauen muß, wenn er ihre Authentizität bewahren will, und daß die eigene Subjektivität nicht über eine aufmerksame Mitarbeit hinaus eingreifen darf. Die ausweichende Assoziation von Terence Stamp und Walter Chiari, die ironische Absicht der Frisur und der Maske des englischen Schauspielers, die vorsichtige, zarte Zurückhaltung in ihren Beziehungen auf dem Set sind in diesem Sinn Vorsichtsmaßnahmen, eine Art Disziplin, die Federico den notwendigen Abstand zu Toby Dammit gestatten.

Nun muß der Teufel gefunden werden. In Poes Erzählung ist es ein schwarzgekleidetes, hinkendes Männchen; im Drehbuch ist daraus ein schmächtiges, blondes Mädchen geworden, das Ball spielt. In allen römischen Tageszeitungen erscheint etwa folgender Hinweis: Federico Fellini sucht zwölfjähriges Mädchen, blond, blaß, blauäugig, nordischer Typ. Eine Woche lang bevölkern die Büros der PEA Trauben von Müttern und Brüderchen, die ungemein blühende Mädchen von gedrungener Gestalt und mit rabenschwarzem Haar begleiten. Schließlich erhält die schreckliche Todesahnung von Toby Dammit

Marina Yaru als Teufel in ›Toby Dammit‹

den strohblonden Kopf, das geheimnisvolle, gespenstische Gesicht einer Russin von 22 Jahren und das drahtige Körperchen einer kleinen Ballettelevin.

Der Kostümbildner des Films ist Pierino Tosi. Nachdem er den Vorschlag, den *Mastorna* zu machen, abgelehnt hatte, hat er dieses Mal zugesagt, aber in den ersten Tagen läuft er mit unsicherer, trübseliger Miene in den Büros herum, wie jemand, der mit der beruhigenden Versuchung, hinauszugehen und weit wegzulaufen, noch nicht fertig geworden ist. Die Achtung, das Vertrauen und die beharrliche Liebenswürdigkeit Fellinis scheinen ihn nur noch mehr zu verwirren, statt ihn zu ermutigen. Die Furcht, die Aufmerksamkeit der anderen auf sich zu lenken, läßt vermuten, daß er nur in der Anonymität wirklich gelassen sein kann. Seine Schüchternheit und seine Güte machen ihn sofort sympathisch, sein Talent flößt einem Respekt und den Wunsch nach Protektion ein.

Die Regisseure der beiden anderen Episoden des Films sind ohne Zweifel Louis Malle und Roger Vadim. Mit komischer Hartnäckigkeit besteht Fellini darauf, Vadim zu ignorieren. Wenn er die beiden Kollegen nennen soll, wiederholt er mit einer Ungeniertheit, die einen in Verlegenheit bringt: Malle und Bergman. Wenn man ihn auf seinen Irrtum aufmerksam macht, lacht er, tut so, als dächte er ein wenig nach und wiederholt dann ganz ernst: Bergman.

Auf diese Weise stellt er mit Ironie diejenigen zufrieden, die gern möchten, daß er ein Mißfallen ausdrückt, das er im Grunde gar nicht empfindet.

Zwei Tage vor Drehbeginn, mitten in der Konfusion der Vorbereitungen, erhält Fellini ein Telefongespräch von Dino De Laurentiis. Der Produzent schlägt ihm vor, *Waterloo* zu machen. Wenn Fellini zusagt, ist er bereit, ihm sofort einen Blankoscheck auszustellen. Zu diesem Ereignis kann man absolut keinen Kommentar liefern. Es ist nicht mehr möglich, irgendein Urteil darüber abzugeben. Fellini folgert fasziniert und überwältigt: »Ich bin mir klar darüber geworden, daß von uns beiden Dino der Küstler ist, nicht ich. Im Vergleich zu ihm verfüge ich über den gesunden Menschenverstand, die praktische Veranlagung und den Ordnungssinn eines Bankangestellten.«

Die Aufnahmen der Episode dauern 26 Tage, 26 turbulente Tage.

Der Schnitt ist jetzt fast fertig. Fellini ißt in einem chinesischen Restaurant mit Nino Rota zu Mittag, als er auf einmal eine glänzende Definition Poes von Toby Dammit zitiert, die am Ende der Erzählung steht. Der Enthusiasmus und die freudige Erregung, mit der Fellini jetzt von dem amerikanischen Schriftsteller spricht, können nicht das Ergebnis einer zufälligen Erinnerung sein; es scheint sich vielmehr um die noch frische Begeisterung zu handeln, die eine Begegnung in jüngster Zeit hervorgerufen hat. Nino unterbricht ihn: »Aber sag doch mal, hattest du ›Wer kann sich retten vor des Teufels Wetten‹ denn nicht ...« Fellini erwidert nachlässig: »Nein, ich habe die Erzählung gestern abend zum ersten Mal gelesen. Sie ist wundervoll.«

Nino Rota

Federico Fellini und Nino Rota: Wenn man die beiden zusammensieht, erscheinen sie wie zwei Fabelwesen. Fellini, groß und kräftig, von unaufhaltsamer, psychomotorischer Lebhaftigkeit; Nino, klein und ständig zerstreut, was ihm zur normalen Lebensweise geworden ist. Die einzigen, allgemein menschlichen Zeichen, die Nino aus seinem Elfenbeinturm – der Musik – aussendet, sind Bewegungen von der träumerischen Leichtigkeit eines Menschen, der sich ihrer nicht bewußt ist; eine Art zu sprechen, die oft ganz undurchdringliche Rhythmen und Gründe aufweist und ein Blick, der die verwirrende Festigkeit der Unschuld hat. Diese Charakterisierung, die ziemlich banal wäre, wenn sie auf rein äußerliche Gesichtspunkte beschränkt bliebe, wird jedoch viel bedeutsamer, denn sie ist der genaue Ausdruck der ihnen entsprechenden psychologischen Situation. Ob sie nun nebeneinander vor einem Klavier stehen oder in einem Restaurant oder auf der Straße, man hat immer den Eindruck, daß Fellini Nino mit der Sicherheit und dem Schutz des älteren Bruders, mit der gespannten Aufmerksamkeit des weißen Clowns für den August, aber auch mit der gierigen Erwartung dessen, der von einem kleinen Magier in Trance Orakelsprüche und Enthüllungen erwartet, führt und verfolgt. Denn Fellinis Beziehung zu Nino stellt seinen einzigen Kontakt zur Musik, eine Art vollendeten und vollkommenen Transfer dar. In dieser Hinsicht ist die Musik, die Nino Rota für Fellini geschrieben hat, eine faszinierende Reise durch die Ereignisse, Inhalte, Stimmungen und Gestalten der Filme des Regisseurs. Eine Reise, die mehr als nur eine suggestive Begegnung mit dem Werk Fellinis, etwas Tiefgründigeres als eine einfache emotionale Durchsicht dieses letzteren ist, denn Nino Rota ist möglicherweise der unbewußteste Zeuge des Filmabenteuers seines Freundes, der jedoch gerade deshalb auf geheimnisvolle Weise am deutlichsten und eindringlichsten Zeugnis davon ablegen kann.

So wie die Dinge liegen, könnte Nino Rota als der ungeeignetste von Fellinis Mitarbeitern erscheinen, um direkt nach der Methode ihrer Zusammenarbeit gefragt zu werden. Aber Nino überrascht immer wieder. Ich habe ihn eines Tages aufgesucht, um ihn zu diesem Thema zu befragen, und die Genauigkeit, die Präzision, mit denen er über seine Arbeit mit Fellini berichtet hat, entsprechen genau denen des Musikers. Hier nun ein Bericht über dieses Interview und sein Ergebnis.

FRAGE: »Du hast den Zirkus auch schon immer gern gemocht, könnte ich mir denken?

ROTA: Ja, es ist eine Art des Schau-Spiels, die mich schon immer begeistert hat. Ich erinnere mich daran, wie man mich einmal als Kind in den Zirkus der Fratellini im Medrano mitgenommen hat, und dabei habe ich ihre Bekanntschaft gemacht. Ich habe sogar ein Foto mit den Fratellini, mit allen drei Fratellini . . .

FRAGE: Hast du dieses Foto noch?

ROTA: Hm ... es müßte in einem Album sein, in dem sich auch der Artikel des französischen Journalisten befindet, der mich zu den Fratellini gebracht hat. Ich war in Paris, weil dort ein Oratorium von mir aufgeführt wurde, mein erstes Oratorium ...

FRAGE: Wie alt warst du damals?

ROTA: Elf Jahre. Statt mich zu interviewen, nahm dieser Journalist mich lieber in den wirklichen Zirkus mit, um mir etwas zu zeigen, was meinem Alter entsprach, sozusagen aus einer Polemik heraus ... In der Tat war auch der Artikel, den er über mein Debüt in Paris schrieb, eher ironisch. Man entnahm daraus, daß er Wunderkindern gegenüber mißtrauisch war!

FRAGE: Glaubst du, daß du das Foto mit den Fratellini wiederfindest?

ROTA: Ich finde das Album nicht mehr, das meine Mutter mit allen Artikeln über mein erstes Oratorium angelegt hatte. Sicher, es wäre amüsant, dieses Foto hervorzukramen; ich müßte dazu in meinen Papieren herumstöbern ...«

Der Maestro Nino Rota erhebt sich aus dem kleinen Sessel neben dem Klavier offenbar in der Absicht, mit der Suche nach dem Foto zu beginnen. Da haben wir es, das Interview ist schon zu Ende, denke ich. Und es hätte auch nicht anders verlaufen können, wenn man meine vorigen Ausführungen bedenkt. Fellini hatte mir geraten: »Bereite dir eine Reihe präziser Fragen vor, sonst bringst du gar nichts zustande.« Ich habe es nicht getan und mußte also diese erste banale Frage über den Zirkus improvisieren, die vor allem ungünstig war, wenn man bedenkt, in welche Sackgasse sie uns sofort geführt hat. Man hatte mir auch den Rat erteilt, ein Tonbandgerät zu benutzen. Das habe ich auch getan, aber mit unverzeihlicher Nachlässigkeit: Das kleine Tonbandgerät, das ich mitgenommen habe, hat einen Defekt. Wir haben uns eine Dreiviertelstunde daran zu schaffen gemacht, um es in Gang zu setzen, freilich ohne die geringste Ahnung. Nino hat sogar mit einem Freund telefoniert, der von solchen Dingen etwas versteht, aber per Telefon kann man in derartigen Situationen nur selten etwas ausrichten. Die amüsierte Verbissenheit, mit der Nino sich an den Tasten und Knöpfen zu schaffen machte, erweckte in mir an einem bestimmten Punkt sogar den Verdacht, er habe die Absicht, den Apparat gänzlich unbrauchbar zu machen, um dem Interview aus dem Weg zu gehen. Schließlich haben wir entdeckt, daß das kleine Gerät funktioniert, wenn man es in einer bestimmten Position hält – in einer so unnatürlichen Position freilich, daß sie unweigerlich jede Absicht, ein ernstzunehmendes Interview zu verwirklichen, zunichte macht. Schließlich nahmen wir einer dem anderen gegenüber umständlich in den Sesseln Platz, schweigend, unversehens eingeschüchtert vom leichten Rauschen des Tonbandgeräts, in der übertriebenen und daher ein wenig kindischen Verlegenheit von jemand – sowohl Interviewer als auch Interviewter –, der in dieser Art von Befragung nicht besonders geübt ist.

Vielleicht besteht der einzige Ausweg jetzt darin, Nino bei der Suche nach der Fotografie zu helfen. Sie zu finden, würde einen Erfolg bedeuten, der das nun fast sichere Scheitern des Interviews vergessen ließe. Leider macht Nino sich sofort daran, das erste Bündel Partituren in seiner Reichweite zu durchsuchen, und das bedeutet, daß er nicht die geringste Ahnung hat, wo sich das Foto möglicherweise befinden könnte. Aber das wäre nicht so schlimm, wenn Ninos Wohnung, obgleich sie in Wohnzimmer, Arbeitszimmer, Schlafzimmer, Küche, Bad, Flur und einen weiteren Raum unterteilt ist, nicht förmlich unter Stapeln von Partituren, Papierstößen, Bergen überall verstreuter Bücher begraben wäre, so daß die übliche Abgrenzung eines Raumes von einem anderen fast unmöglich ist. Auch wenn man sich von der unsicheren, versunkenen, unantastbaren Beharrlichkeit, mit der Nino in der Wohnung herumstreift, nicht entmutigen läßt, ist außerdem seine Methode bei der Suche fragwürdig: Ohne Grund läßt er Regale und Koffer aus, ohne sie nur eines Blickes zu würdigen, während er aus ebenso unerfindlichen Gründen darauf besteht, mehrmals an derselben Stelle zu suchen, in Schubladen, in denen auf den ersten Blick nicht die Spur eines Albums zu sehen ist, im Gegenteil, einige sind sogar leer. Es ist klar, daß das Interview und die Suche nach dem Foto für Nino erheiternde Tätigkeiten sind, die er flüchtig und lächelnd, rein mechanisch ausführt: In Wirklichkeit denkt er weiter an das Oratorium, das er bis Ende September fertigstellen muß und welches in Perugia von den Prager Symphonikern aufgeführt wird. Daher war er auch

lini mit dem Komponisten Nino Rota am Klavier

o Rota, gezeichnet von Fellini

bei meiner Ankunft am Klavier bei der Arbeit, einen gestreiften Morgenrock über dem Pyjama. In einem Schrank stoßen wir schließlich auf die Partitur des anderen Oratoriums von Paris, einer Kantate in zwei Teilen über die Jugend des heiligen Johannes des Täufers. Für einen Augenblick hoffen wir, daß auch das entsprechende Album in der Nähe ist, aber in diesem Haus voller Musik gehorchen nur die Noten einer Ordnung. Es bleibt uns nichts anderes übrig, als zu unseren Sesseln zurückzukehren. Von diesem Augenblick an geht das Interview ziemlich rasch vonstatten; es wird nur durch Ninos kurzes, unerklärliches Verschwinden im Schlafzimmer unterbrochen – erst später erfahre ich, daß das Läuten seines Telefons wohl mehr telepathischer als geräuschvoller Natur ist – oder dadurch, daß er sich unversehens noch einmal schnell davon überzeugt, daß das Foto mit den Fratellini wirklich nicht mehr existiert.

FRAGE: »Wie ist das mit der Musik für *Die Clowns* vor sich gegangen?

ROTA: Du weißt doch, daß Federico während der Dreharbeiten einige klassische Stücke der Zirkusmusik wie ›Einzug der Gladiatoren‹ und ›Barnum Circus‹ oder andere berühmte Musikstücke wie ›Ebb Tide‹ im Finale und ›Eine Nacht auf dem kahlen Berge‹ für den weiblichen Kraftprotz im Zirkus der Kindheit verwendet hat. Als dann die Dreharbeiten von *Die Clowns* abgeschlossen waren, rief Federico mich in Bari an und sagte mir, es sei nun Zeit, an die Musik zu denken. Am selben Abend noch machte ich mich an die Arbeit und schrieb drei oder vier Stücke, die alle in den Film aufgenommen wurden.

FRAGE: Hattest du schon Teile des gedrehten Materials gesehen?

ROTA: Ja, einige Male. Aber der bloße Gedanke, Zirkusmusik zu schreiben, regte mich sofort an. Das erste Stück, das ich an jenem Abend schrieb, ist der kleine Marsch, der im Film als Leitmotiv dient, das zweite ist ein Tango, der der Sequenz der Fratellini unterlegt ist, das dritte ist jenes traurige Musikstückchen, welches den musikalischen Hintergrund des Auftritts zur Erinnerung an Dario und Bario bildet. Als wir uns dann in Rom trafen, hatte Federico mit seinen üblichen genauen Vorstellungen bereits eine Übersicht, eine den Sequenzen entsprechende Folge des musikalischen Materials, das für den Film in Frage kommen konnte, erstellt. ›Einzug der Gladiatoren‹ und ›Ebb Tide‹ galten als überlebt, dafür kamen ›Fascination‹, ›Io cerco la Titina‹ und andere neu hinzu. Während der eigentlichen Arbeit an der Musik haben wir dann festgestellt, daß wir ohne weiteres einige Stücke aus Federicos früheren Filmen verwenden konnten, da sie eine deutliche Beziehung zum Zirkus hatten: der kleine Marsch aus *8½*, der Zirkus aus *Julia und die Geister*, der Night Club aus *Das süße Leben.* Nicht nur das, wir haben auch daran gedacht, einige Stücke zu verwenden, die inzwischen zum festen Bestandteil des Zirkus geworden sind: den ›Walkürenritt‹ für die Szene mit dem weiblichen Kraftprotz, und das Stück des Torreador aus *Carmen* für den Kampf um die Kostüme. Schließlich haben wir versucht, dieses ganze heterogene Material zu verbinden, so daß keine Brüche und Unebenheiten mehr zwischen meinen, den bereits vorhandenen und den Stücken aus Federicos Filmen mehr hörbar waren. Meiner Ansicht nach ist das erreichte Ergebnis sehr gut und passend: Die Musik von *Die Clowns* vermittelt wirklich den Eindruck von Zirkusmusik.

FRAGE: Nimmt deine Zusammenarbeit mit Fellini immer genau den gleichen Verlauf?

ROTA: Ja, im allgemeinen ja. Bis zu einem gewissen Grad weiß ich immer, was Federico gerade macht, ich verfolge seine Arbeit, soweit es mir möglich ist. Ich sehe manchmal bei den Dreharbeiten zu und schaue mir das gedrehte Material an. Wenn Federico dann beschließt, daß der Augenblick gekommen ist, die Musik des Films zu machen – und dies geschieht immer vor dem Ende der Dreharbeiten, weil Federico zu dieser Zeit schon ziemlich genau die Richtung, den musikalischen Grundton des Films kennt – fange ich an, von mir aus Ideen und musikalische Hypothesen zu entwickeln, die ich Federico nach Abschluß der Dreharbeiten vorlege. Nun kann es vorkommen, daß Federico die Themen, die ich vorbereitet habe, sofort ohne Veränderungen akzeptiert, oder wir beginnen zusammen – ich am Klavier und er neben mir – aus meinen Ideen andere Ideen zu entwickeln, bis wir das gewünschte Resultat erreicht haben. Bei *8½* ist es zum Beispiel so gewesen: Ich hatte den ersten Teil des Hauptmotivs des Films schon geschrieben, und zusammen mit Federico habe ich den zweiten Teil, der dann dominierend wurde, gefunden.

Manchmal ist die Sache jedoch anders verlaufen, weil wir von Anfang an beschlossen hatten, nur vorhandene Musik zu verwenden. Dies ist zum Beispiel bei *Das süße Leben* und *Satyricon* der Fall gewesen, bei denen wir uns gleichsam zurückgehalten haben, eigenes Material vorzubereiten. Für *Das süße Leben* ist die Musik dann jedoch beinahe wie von selbst entstanden: Die musikalischen Themen von *Das süße Leben* sind aus ihrer eigenen Kraft erwachsen, ich möchte fast sagen, bei der Tonaufnahme.

FRAGE: Eine neugierige Frage: Wie ist das berühmte Motiv aus *La Strada* entstanden?

ROTA: Hm, ich muß sagen, daß das Thema von *La Strada* das Ergebnis einer gewissen Rechthaberei meinerseits ist. Während der Dreharbeiten hatte Federico als eine Art Leitmotiv eine Variation verwendet, ein Stück von Corelli, dem sich alle Bewegungen Giuliettas mit der Trompete und Mattos mit der

Violine hatten anpassen müssen. Federico gefiel dieses Stück ganz besonders gut, und er hatte vielleicht die Absicht, es im Film zu belassen, aber ich war anderer Meinung, mir kam es so vor, als wäre es nicht genau das Richtige, also bereitete ich ein Motiv mit ungefähr dem gleichen Rhythmus vor wie in dem von Corelli, nämlich das Motiv von *La Strada*. Man könnte also sagen, ein künstlich hergestelltes Motiv, aber es ist nicht immer so leicht, das, was spontan entsteht, von dem, was künstlich erstellt wird, zu unterscheiden, da beide Formen einander oft ablösen oder nebeneinander bestehen. Wahr ist jedenfalls, daß das Motiv von *La Strada* alles andere als künstlich erscheint.

FRAGE: Du hast die Musik zu allen Filmen Fellinis von *Lo Sceicco bianco* bis zu *Die Clowns* geschrieben. Wie habt ihr euch kennengelernt?

ROTA: Vor dem Film *Lo Sceicco bianco* kannten wir uns nur vom Sehen; zwar waren wir gelegentlich zusammengetroffen, da ich zufällig die Musik zu einigen Filmen geschrieben habe, zu denen Fellini das Drehbuch verfaßt hatte, aber nichts weiter. Der Grund für unser Zusammentreffen wir wirklich *Lo Sceicco bianco*, und wahrscheinlich haben weder Federico noch ich im entferntesten angenommen, daß dieses Zusammentreffen so produktiv sein, daß es dabei solche Funken sprühen würde! ... ein musikalischer ›coup de foudre‹ ... und nicht nur ein musikalischer, denn es hat sich eine Freundschaft daraus entwickelt, die im Laufe der Jahre immer fester geworden ist.

FRAGE: Du hast mit allen großen italienischen Regisseuren zusammengearbeitet. Welchen Regisseur magst du am liebsten?

ROTA: Dies ist eine indiskrete Frage, auf die ich dir persönlich, ohne dieses Mikrofon, sogar antworten könnte. Davon abgesehen ist es jedoch schwierig, auf solche Fragen objektiv zu antworten, denn die Antwort ist fast immer von Faktoren bedingt, die mit der eigentlichen Arbeit nichts zu tun haben, wie zum Beispiel die persönliche Freundschaft oder eine spontanere Vertrautheit und Zusammenarbeit. Vom rein professionellen Standpunkt aus gesehen, ist es bisweilen vorgekommen, daß ich die Musik zu einigen Filmen gemacht habe, deren Regisseur ich niemals kennengelernt habe. In diesen Fällen war ich ganz auf mich selbst gestellt. Sicher ist es fast selbstverständlich, daß bei einer so spontanen, vitalen, natürlichen Zusammenarbeit wie der mit Federico unter dem Gesichtspunkt der Filmmusik etwas Neueres, Originelleres entsteht. Ganz davon abgesehen, daß unter diesen Bedingungen auch die konkrete Arbeit mehr Freude macht und leichter vorangeht.

In dieser Hinsicht beruht einer der amüsantesten Aspekte unserer Zusammenarbeit auf folgendem: Unser gegenseitiges Einvernehmen ist so groß, daß Federico, obwohl er jedesmal fest davon überzeugt ist, daß ich den Film nicht kenne, daß ich beim Ansehen zerstreut bin und ihn mit einem anderen verwechsle, trotz allem niemals daran zweifelt, daß ich die Musik machen kann, die für diesen Film paßt. Meine Zerstreutheit ist nun schon zu einem wiederkehrenden Motiv unserer gemeinsamen Arbeit geworden. Federico hat wirklich recht; oft lasse ich mich ablenken, und es kommt manchmal vor, daß ich in einem Film Dinge überhaupt nicht sehe oder daß ich solche sehe, die nicht existieren oder die von denen, die dort erscheinen, gänzlich verschieden sind. In *Die Clowns* habe ich zum Beispiel das Kanonenrohr, das der Kraftprotz im Zirkus der Jugend auf die Schultern nimmt, immer für eine Matratze gehalten, und zwei von den Pferdeattrappen des Zirkus waren mir persönlich wie Elefanten vorgekommen.

Selbstverständlich ist die Zerstreutheit ein Luxus, den ich mir nur bei Federico leisten kann. Viele Filme muß ich mir häufig allein ansehen, muß sie also aufmerksam verfolgen, weil ich später niemand habe, der mir sagt, ob die Musik paßt oder nicht. In diesen Fällen mache ich das, was ich mir mit Federico passiv erlauben kann, also aktiv.

FRAGE: Ich habe einmal von dir gehört, daß du, falls es möglich wäre, Fellini gern als Mitarbeiter hättest, wenn du die Musik zu einem anderen Film schreiben mußt. Warum?

ROTA: Eine der Qualitäten, die ich an Federico am meisten schätze, sind seine klaren Vorstellungen. Federico weiß immer ganz genau, was er als musikalische Entsprechung zu einem Bild haben will, und wenn du ihm etwas vorspielst, ist seine Reaktion, seine Antwort immer präzise und sicher. Außerdem hat er ein großes Talent, die Dinge zu vereinfachen; er kann die undefinierbarsten oder kompliziertesten Dinge konkretisieren und präzisieren. Kurz gesagt, die Unmittelbarkeit der Empfindung bei einem Thema oder einem musikalischen Stichwort, verbunden mit seiner Treffsicherheit ist eine sehr, sehr seltene Eigenschaft.

FRAGE: Daher wird es wohl kommen, daß ihr die Musik zu einem Film sehr rasch macht?

ROTA: Zusammen mit Federico entsteht eine Filmmusik mit einer Geschwindigkeit, die man besser geheimhält! Der Anstand verbietet es, sie an die große Glocke zu hängen! Besonders wenn man sofort das passende Motiv findet. Wir machen nicht nur die Musik besonders rasch, sondern Federico würde sogar verlangen, daß ich keinerlei Zeit damit versäume, das, wofür wir uns entschieden haben, aufzuschreiben. Die Erfahrung hat ihn jedoch gelehrt, daß ich ein Thema genauso schnell total vergessen kann, wie ich es gefunden habe. Nun möchte er, daß ich alles sofort aufschreibe, er besteht darauf, aber nie nachdrücklich genug. In diesem Zusammenhang ist die Gestalt in *Die Clowns,* in der ich mich am ehesten wiedererkannt habe, dieses Script-girl, das niemals seine Aufzeichnungen wiederfindet, sie vertauscht oder vergißt.

FRAGE: Fellini besucht nie ein Konzert, hört nie eine Schallplatte, Radio und Music-box stoßen ihn ab, er erträgt nicht einmal die Musiker in den Restaurants; er zieht es sogar vor, sie sofort mit einem großzügigen Trinkgeld abzufinden, nur damit sie nicht weiterspielen. Worauf beruht deiner Ansicht nach Fellinis Allergie gegen die Musik?

ROTA: Es ist wahr, Federico trägt eine ihm eigene Fremdheit der Musik gegenüber oft mit Koketterie zur Schau, und ich muß sagen, daß es gerade deshalb sehr schmeichelhaft für mich ist, daß er allen Aufführungen meiner Werke beigewohnt hat.

Ich glaube aber, daß es sich bei Federico vielmehr um eine Form der Verteidigung, des Schutzes handelt. Federico kann keine einzige Note hören, ohne völlig davon gefangengenommen zu werden. Für ihn ist die Musik niemals nur eine Zutat, die Vervollständigung eines Ambiente durch Geräusche. Federico nimmt die Musik nur als Musik, daher nimmt sie ihn gefangen; er wird das Opfer der musikalischen Empfindung, der er sich selbstverständlich nicht zu jeder Zeit hingeben kann. Deshalb seine dauernde, wachsame Ablehnung gegen jede Art von Musik, die nicht unmittelbar mit seiner Arbeit zu tun hat. Ich habe zum Beispiel schon oft beobachtet, daß er, auch wenn er eine musikalische Idee, die ihn anspricht, unzählige Male wieder hört, jedesmal mit der gleichen Intensität reagiert. Das bedeutet, daß Federico ein starkes Empfinden für Musik hat, er empfindet sie außergewöhnlich stark in ihrer Präzision und in ihrer Kraft. Und nicht nur das; diese Fähigkeit bei einem Motiv, das man unzählige Male wiederholt hat, keine Gleichgültigkeit zu empfinden, gestattet uns, länger am Ausfeilen dieses Motivs zu arbeiten, ohne dabei müde zu werden. Denn auch ich bin Wiederholungen gegenüber sehr widerstandsfähig, die im übrigen unerläßlich sind.«

Die Gang

Der Film reproduziert und imitiert das Leben viel mehr während seiner Entstehung als mit seinen Resultaten. Deshalb fühlt sich Fellini bei der Leitung dieser inkongruenten Apparatur, in dieses Spiel der Ähnlichkeiten, Reflexe, Vorschläge, der vitalen Bedürfnisse und Aufgaben verstrickt, vollkommen wohl; es ist für ihn die einzig mögliche Art zu arbeiten. Man kann sich zum Beispiel nicht vorstellen, daß Fellini allein, in einem Zimmer eingeschlossen, an einen Film denkt oder schreibt. Rom ist nicht nur die ideale Stadt zum Leben, sondern auch für denjenigen, der aus dem eigenen und dem Leben der anderen in seinen unmittelbarsten, spontansten, unglaublichsten und ewigsten Ausdrucksformen den Stoff für phantastische, künstlerische Spekulationen schöpft: Deswegen ist Rom für Fellini eine Art schützende Höhle, ein unsicherer und anziehender Dschungel, die vertraute und unbekannte Heimat, in deren räumlichen oder menschlichen Ambiente er Entdeckungen, Enthüllungen und Bedeutungen nachjagt.

Und ebensowenig kann man sich vorstellen, daß Fellini einen Film in einer geordneten, diskreten, ruhigen Atmosphäre dreht. Wie er zum Leben den unerschöpflichen, drängenden Wechsel verschiedener Realitäten und Verpflichtungen braucht, schöpft er die notwendige Konzentration und Spannung zum Arbeiten aus dem chaotischen und verwirrenden Vorhandensein provisorischer und unbedeutender Konzentrationen und Spannungen. Auch bei der Arbeit ist die Einsamkeit für ihn niemals eine physische Bedingung, eine Voraussetzung im Sinne des Wortes, sondern das Ergebnis der dauernden Anstrengung, ihnen zu entfliehen.

Fellinis Fähigkeit, eine Gruppe von Personen, die durch ihr Temperament und ihren Aufgabenbereich gänzlich verschieden sind, in eine homogene, produktive Einheit zu verwandeln, grenzt an Hexerei.

Tatsächlich ist diese Fähigkeit der allgemeine Ausdruck von Fellinis Persönlichkeit einerseits, nämlich

Fellini mit dem Kameramann Giuseppe Rotunno

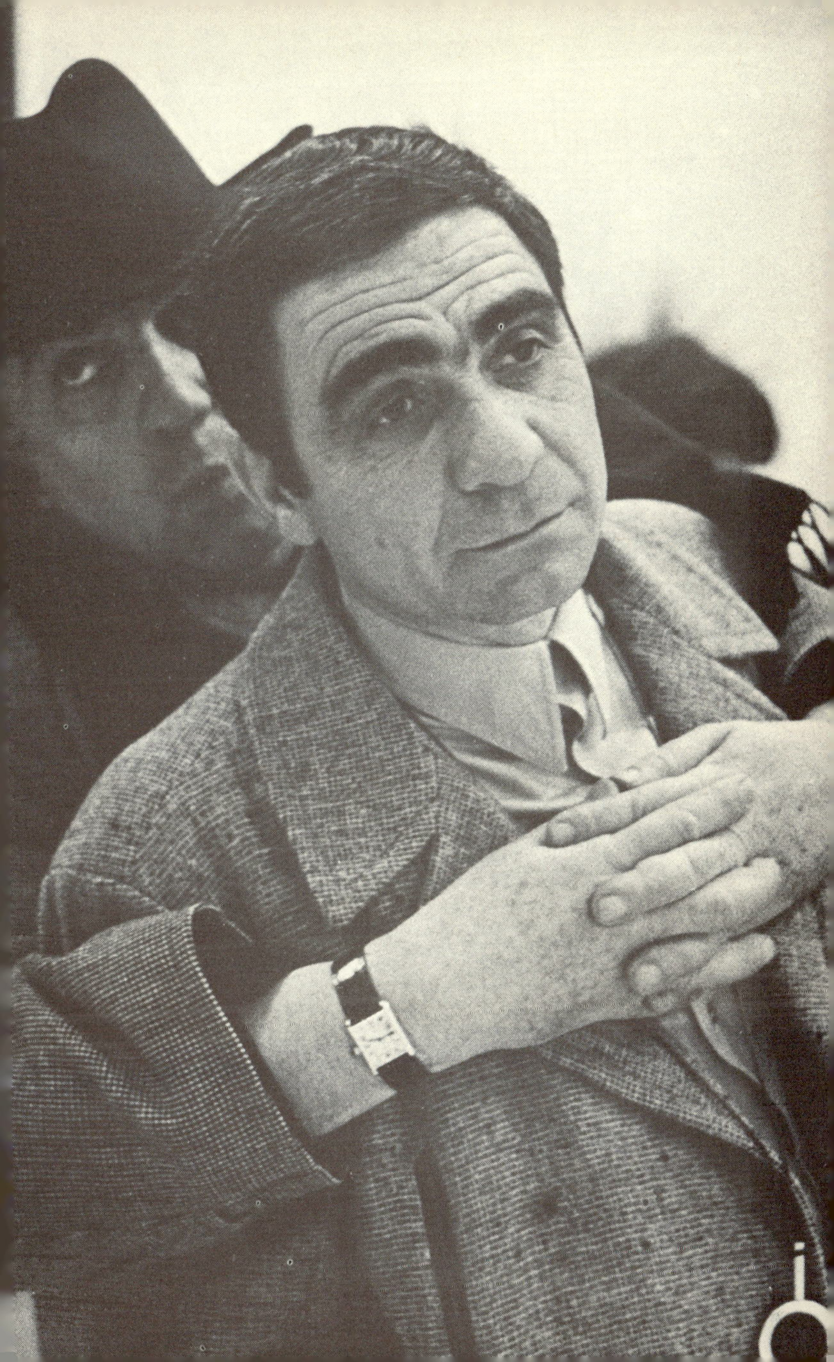

Fellini mit Liliana Betti und dem Scriptgirl Norma Giacchero

Liliana Betti und Norma Giacchero, gezeichnet von Fellini

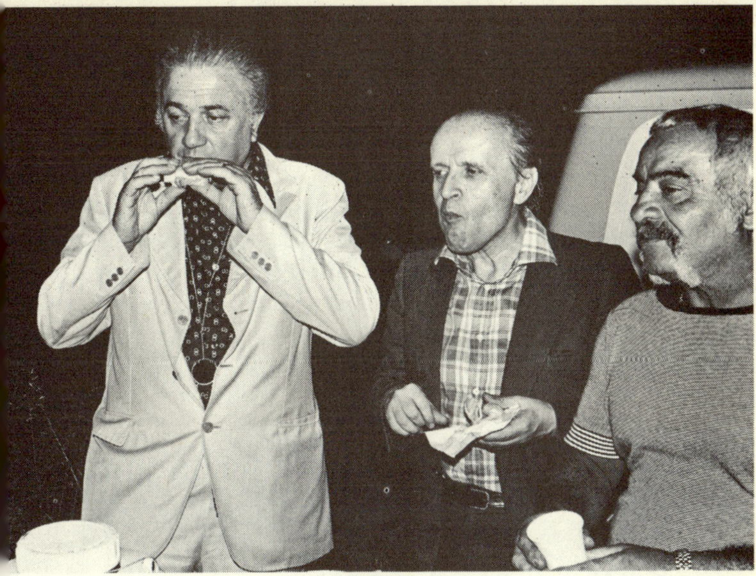

f dem Set mit Nino Rota und (rechts außen) Ettore Bevilacqua

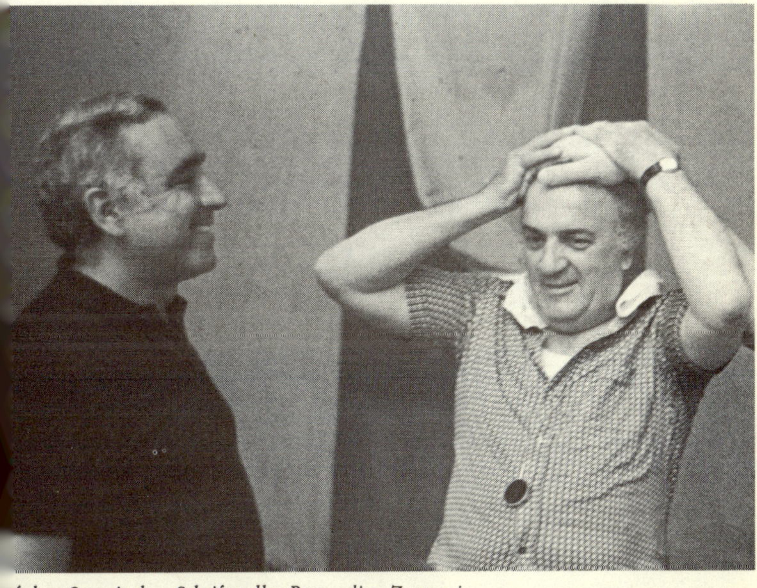

f dem Set mit dem Schriftsteller Bernardino Zapponi

eines wirksamen Konzentrats von Faszination, psychologischer Intelligenz, Komödiantentum und Vitalität, und einer andauernden und gleichmäßigen aufmerksamen Übung dieser Persönlichkeit, bei der infolgedessen zu einer natürlichen Überlegenheit ein stabiles Selbstbewußtsein hinzukommt. Man muß Fellini lange folgen, bis man Ermüdungserscheinungen und Abweichungen zwischen einer Lebensform und ihrer Ausübung findet, so sehr sind sie harmonisch verschmolzen. Selten wird man diese unerschöpfte, stets gegenwärtige Klarheit antreffen, denn sie beruht nicht auf einem vorprogrammierten Verhalten, das Fellinis Natur fremd ist, sondern auf der bewußten Überschwenglichkeit einer ganz authentischen Natur.

Die unermüdliche, zarte oder harte Ironie, der Hang, jede Situation und jede Person ins Humoristische oder Groteske zu wenden, gestatten Fellini einen stets aktiven, vitalen Eingriff in die Realität, der sich außerdem als nicht umkehrbar erweist, da Fellini jedes ironische oder kritische Urteil anderer in bezug auf seine Person neutralisiert, indem er es durch eine aufrichtige und geschickte Selbstironie und -kritik unnötig und unzulänglich macht.

Die Güte, die arrogante Sympathie, eine fast freudige Dankbarkeit anderen Menschen gegenüber, die Schlauheit, die Großzügigkeit, die Grausamkeit, kurz das außergewöhnliche Gewicht von Fellinis Humanität ist so etwas wie eine andere Hypothek, die er auf die Außenwelt aufgenommen hat.

Der Gleichmut, die herzliche, aber unverbrüchliche Zurückhaltung in bezug auf die eigene Intimität, die

Regieassistent Gerald Morin (links) mit Danilo Donati, von Fellini auf die Rückseite einer Menükarte gezeichnet

eigenen Gefühle und Emotionen entzieht Fellini jeglicher echten Vertraulichkeit und somit jeglichen Komplizentums, das ihn anderen gegenüber verpflichten könnte.

Bisweilen versucht man mit der wenig passenden Objektivität wie bei einem Rechenexempel oder mit der Willkür der persönlichen Überzeugung nachzuprüfen, wieviel Prozent Fellinis Autorenschaft bei einem seiner Filme ausmacht. Eine solche Untersuchung ist derart unsinnig, daß es nicht einmal lohnen würde, darüber zu sprechen, auch wenn die vielschichtige Natur des Spielfilms ihre Berechtigung zu bestätigen scheint.

Der Verlauf der Realisation eines Fellini-Films unterscheidet sich nicht sonderlich von dem anderer Filme; er ist nicht das bizarre Ergebnis des beruflichen Engagements von Chirurgen, Astronauten oder Magiern; und es kommt auch nicht vor, daß Fellini das Drehbuch von Anfang bis Ende selbst schreibt, die Planimetrie eines Ambiente zeichnet, Lampen und Scheinwerfer selbst aufstellt und einschaltet oder die Motive auf das Pentagramm des Bandes selbst überträgt.

Und doch ist es so, als würde er es tun.

Wenn ich durch meine Worte den Verdacht erweckt hätte, Fellinis Mitarbeiter seien einfach ausführende Werkzeuge, hätte ich ihnen sehr unrecht getan und den Regisseur mit der Zügellosigkeit einer Heiligenlegende beschrieben. Wenn es wahr ist, daß er mit der Mitarbeit nachlässiger Vollstrecker die Filme, die er macht, nicht verwirklichen könnte – ebenso wahr ist, daß diese Filme aufgrund ihrer

Natur, ihrer Erfordernisse und ihrer vorherbestimmten bildlichen Existenz keine mittelmäßige Hingabe und kein unzureichendes Engagement vertrügen. Gerade darin besteht ja der Wert eines Filmkunstwerks, die einzelnen Beiträge, die es ausmachen, auszuwerten. Und der Prozeß ist nicht umkehrbar: Der Wert der einzelnen Beiträge reicht niemals an den ursprünglichen Wert des Werkes heran.

Man könnte die Verwirklichung eines Fellini-Films mit dem Coup einer kriminellen Bande vergleichen, und dies ist häufig die geheime Überzeugung vieler Produzenten.

Die Assistentin

So irreal meine Sekretärinnentätigkeit war, so wörtlich war meine Funktion als Regieassistentin zu nehmen, reduziert auf eine Art symbolischer Präsenz: Tatsächlich habe ich mich einfach darauf beschränkt, staunend, fasziniert oder zerstreut den Aufnahmen eines Fellini-Films beizuwohnen.*

Meine Unfähigkeit, diese meine ›Beobachtung‹ in eine aktive, konkrete Tätigkeit zu verwandeln, hat meine alten Auffassungen über den Film und über meine eventuellen Fähigkeiten auf diesem Gebiet völlig durcheinandergebracht.

Es ist wahr, daß ich nur mit Fellini gearbeitet

* Wortspiel: it. ›assistente‹ heißt so viel wie ›der Beisitzende, Beiwohnende‹.

habe, aber das bedeutet nicht, wie viele behaupten, daß meine Erfahrungen sich von den üblichen auf dem Gebiet des Films unterscheiden. Im Gegenteil. Das Kino, welches Fellini macht, gibt die wirkliche Natur dieser Art Schau-Spiel wieder, ist ihr exemplarischer Ausdruck. Man behauptet ja auch nicht, daß der Gedanke eines Denkers mehr ›Gedanke‹ sei als der Gedanke eines Kaufmanns.

Fellini erinnert bei der Arbeit auf dem Set an einen Menschen, der beinahe in Trance damit beschäftigt ist, die Linien und Figuren einer Zeichnung nachzuziehen, die er sich vorher in allen Einzelheiten ausgedacht hat.

Die Schnelligkeit, Sicherheit und Spontaneität, mit denen er eine Einstellung nach der anderen entscheidet, scheinen ihm von der unsichtbaren und nur von ihm entzifferbaren Präexistenz der Einstellungen selbst diktiert.

Seine Freiheit von jeglicher Syntax des Films ist die von jemand, der die gesamte Topografie der Erzählung genau kennt und sich stets und in jeder Weise ohne Zweifel und Zögern orientiert. Nur wenn er mit der Kamera in ein neues Ambiente kommt, zeigt er das leichte Zögern eines Lesers, der, nachdem er ein Kapitel nochmals gelesen hat, einen Augenblick innehält, um dann sofort die Bedeutung zu erkennen.

Fellinis berühmter Hang zum Improvisieren, die Natürlichkeit, mit der er ganze Sequenzen oder auch nur Szenen des Films hinzufügt, austauscht oder streicht, haben nichts mit Stimmungen, Ideen oder plötzlichen Inspirationen zu tun. Im Gegenteil. Sie sind der einzige Ausdruck, das einzige Indiz für die einheitliche, schöpferische Spannung, die den Film unaufhörlich von der Intuition, durch die er entstand, bis zu seiner endgültigen Fertigstellung bestimmt und verändert. Natürlich können die Perspektiven einer Zeichnung, die nur in der Vorstellung existiert, nicht so präzise und unveränderlich sein wie eine reale Komposition: Die Phantasie, die sie zunächst hervorgerufen hat, sucht sie in ihrer rätselhaften Transparenz und Mehrdimensionalität zu halten, wie bei gewissen Träumen, die einander nachjagen und sich aus Stücken und Fetzen rekonstruieren lassen.

Wenn Fellini eine Einstellung vorbereitet, ist es so, als wäre er allein auf dem Set: Ob es nun darum geht, einem Schauspieler oder einem Gegenstand einen neuen Platz zu geben, die Falte an einem weiblichen Kleidungsstück zurechtzuziehen oder eine Frisur in Unordnung zu bringen, nur selten überläßt er dies anderen. In solchen Augenblicken hat er mich immer an jene Fotografen von vor 40 Jahren erinnert, die, eifrig und schwer zufriedenzustellen, unzählige Male den Kopf unter dem schwarzen Tuch, das ihren Apparat bedeckte, hervorstreckten und zum Kunden eilten, um die Position des Profils zu korrigieren, eine Lampe weiter weg zu stellen oder den Hintergrund zu wechseln. Auf jedes einzelne Eingreifen in die Szene folgt eine lange, eingehende Prüfung durch die Kamera, und jetzt erinnert Fellini an einen Wissenschaftler, der über das Mikroskop gebeugt, damit beschäftigt ist, den Kristallisationsprozeß verschiedener, unbestimmter Substanzen beobachtet, bis sie – streng systematisch – auskristallisiert sind.

»*Vorwärts mit dem Meer!*«

Auf dem Set ist Fellini unerklärlich geduldig. Nicht nur das: die Geduld, mit der er die unendlichen Wartezeiten, in denen eine Szene vorbereitet und ausgeleuchtet wird, durchsteht, ist noch dazu verwirrend wohlwollend. Es ist die Geduld, die er dem Leben im allgemeinen gegenüber hat, eine zuweilen wunderbare Toleranz in schwierigen oder unangenehmen Situationen, bei Verzögerungen oder langsamen Fortschritten.

Aber Fellini kann auf dem Set auch das Opfer einer unbändigen Ungeduld sein.

Ob er nun das Megafon, den Kostümbildner oder eine für die Szene nicht vorgesehene Perücke verlangt, niemals nimmt er an, daß sich das Megafon in einer Entfernung von 15 Metern, was nichts Besonderes ist, der Kostümbildner in der Schneiderei und die Perücke in der Kostümabteilung befinden könnten: Er will sie an Ort und Stelle, im selben Augenblick, sonst fragt er nach genau einer Sekunde danach, und nach genau einer weiteren Sekunde erkundigte er sich immer ärgerlicher wieder danach. In diesen Augenblicken ist es nicht nur unnütz, sondern womöglich sogar riskant, ihn mit Argumenten des gesunden Menschenverstands oder mit einem

Hinweis auf die Gesetzmäßigkeit von Zeit und Raum beruhigen zu wollen. Wenn er sich darauf beschränken würde, sie einfach zurückzuweisen, wäre dies lediglich ein Beweis für die menschliche Unvernunft. Nein, in seinem Ärger läßt er einen Wust von unglaublichen, sarkastischen Gegenargumenten und abstrakten Einwürfen los, die der Unerschütterlichkeit unverständlicher taoistischer Vorschriften gleichkommen. Ein Assistent informiert ihn mit dem ruhigsten Gewissen dieser Welt, daß der Schauspieler, der für eine bestimmte Rolle vorgesehen war, vor zwei Jahren gestorben ist. Es kann vorkommen, daß er dann unerschütterlich erwidert: »Das interessiert mich überhaupt nicht. Ich will ihn trotzdem. Das ist dein Problem.«

Fellini zweifelt nie daran, daß alles, was im Film mitwirkt, Menschen, Tiere, Gegenstände, durch Sehergaben alles weiß und genauestens informiert ist, was geschieht, was zu tun ist und welche Ergebnisse er erzielen will. »Warum geht dieser Pfau nicht auf seinen vorgeschriebenen Platz?« ist keine normale Forderung mehr an fantastische allwissende Tiere, sondern eine menschliche Absurdität.

Fast in allen Fellini-Filmen gibt es eine Sequenz, in der Nebel nötig ist. Diese besondere meteorologische Gegebenheit (für Fellini hat sie wohl die Bedeutung eines metaphysischen ›Rücklaufs‹) künstlich herzustellen, ist ein heikles und schwieriges Unternehmen, denn es muß im rechten Augenblick ausgeführt werden: nicht zuviel und nicht zu wenig vor der Klappe. Beim Film ist ›der rechte Moment‹ nie vorher festzulegen, und man erkennt diesen Zeitpunkt erst hinterher. In den Szenen mit Nebel überschlägt sich Fellinis Ungeduld förmlich, sie macht sich in einem Sturm von Befehlen, Anweisungen, Schreien, Beinamen und Verwünschungen Luft: »Der Nebel! Und der Nebel? Was zum Teufel macht ihr denn mit dem Nebel? Halt doch diesen Scheißkerl auf, dort ist es ja schon zuviel! Los, du da, pump in diese Ecke! Nun sieh dir doch mal diesen Schwachkopf an, der macht Nebel hinter der Bühne. Nebel hier! Nebel da! Es reicht mit dem Nebel! Los, mehr Nebel! Dieser Scheißnebel!«

Oh, man muß außerdem bedenken, daß diese Lawine von Befehlen und Schimpfworten im ohrenbetäubenden Lärm der Motoren, die die Nebelmaschinen antreiben, unnütz verpufft und eher noch größere Verwirrung stiftet. Stimmen und Geräusche lassen die Unsichtbarkeit, die alle umgibt und das dichte Gewölk noch chaotischer erscheinen, in dem die Nebelspezialisten, die mit ihren Detonatoren ähnlichen Werkzeugen in der Hand an heimliche Saboteure erinnern, auftauchen und verschwinden.

Seit einiger Zeit neigt Fellini in diesem Zusammenhang dazu, außer dem gesamten Ambiente eines Films im Atelier auch Naturelemente produzieren zu lassen, von denen man meinen sollte, daß man sie nicht künstlich herstellen kann, wie zum Beispiel das Meer. Während ein Heer von Arbeitern eine riesige Plane aus durchsichtigem Plastik rhythmisch auf und ab bewegt, ist das Atelier erfüllt von den zornigen Befehlen in einer erlahmten Schöpfung der Welt: »Vorwärts mit dem Meer! Weg mit dem Regen!«

Wenn ein Schauspieler den Fehler begeht, der

übrigens ganz verzeihlich ist, weil es sich oft um Laiendarsteller handelt, nicht sofort zu verstehen, was Fellini von ihm will, schlägt seine Ungeduld in Grausamkeit um. Auch die Taubheit eines Schauspielers ist für ihn auf dem Set keine akzeptable Rechtfertigung, er sieht sie im Gegenteil als Arglist an. Seine Verbitterung ist dann so groß, daß sie sogar die Klarheit seiner Wünsche und Anweisungen kompromittiert. Dadurch wird die Verwirrung des Schauspielers nur noch größer, und er steigert Fellinis Zorn nur noch, was gleichsam in einem rasenden Kontrapunkt eine immer größere Verwirrung bei dem Schauspieler hervorruft. Bei verschiedenen Gelegenheiten während der Dreharbeiten eines Films können derartige Situationen ein fatales Nachspiel haben: eine Schlägerei, eine Messerstecherei, der Schuß aus einer Pistole. Aber ...

Dario und Bario

Niemand vermutete, daß dies geschehen würde.

Dennoch waren alle Voraussetzungen sogar in natürlicher, vollendeter Weise erfüllt. Schon der Hintergrund sah nach Prädestination aus: Es handelte sich um den Film *Die Clowns*, um die Erinnerungsszene an zwei große Clowns der Vergangenheit: Dario und Bario. Zwei Männer – ich sage nicht Schauspieler, denn das waren sie nicht – sollen vor der Kamera Sätze sagen, die sie nicht kennen, von

Personen, die ihnen ebenfalls unbekannt sind. Beide Männer waren, wenn auch aus verschiedenen Gründen, für die Rezitation ungeeignet.

Der eine war ein unbedeutender Statist, der an einen einfachen und einsamen Hirten erinnerte: eine Adlernase und zwei sanfte Augen wie ein Schaf. Das Gerücht ging um, daß der Hirt seine paar tausend Lire beim Film aufgrund eines Vorrechts zusammenzubringen imstande war, welches in diesem Milieu sehr verbreitet ist und auf dem Privileg beruht, irgendein krankes Familienmitglied zu haben. Man erzählte nämlich, der Hirt habe ein kleines Mädchen, das schon seit langem krank in einer Klinik läge. Man erhielt jedoch nie eine endgültige Bestätigung. Nur um einmal anzufangen: Gab es diese Tochter wirklich? Und wenn es sie gab, war sie wirklich krank? Oder – eine Hypothese, die einen erstarren läßt – wurde die Kleine vielleicht, obgleich sie gesund war wie ein Fisch, vorsätzlich in einer Klinik gefangengehalten, um dem Vater dieses schreckliche Vorrecht zu gewährleisten?

Der zweite Protagonist war ein ganz besonders guter Mime aus der Schweiz, der es für nötig zu halten schien, diese ungewöhnliche Begabung mit einem entsprechenden Gebrechen zu erklären: Der Mime war taubstumm.

Die dritte Voraussetzung schloß die Reihe mit boshafter Folgerichtigkeit: Es war ein Clown-Entrée mit dem Titel ›Die Erklärung‹, basierend auf einem Wiederholungsmechanismus, der unter Umständen auch gefährliche Verwirrung stiften kann.

Fellini mit Assistenten Liliana Betti und Maurizio Mein (rechts) zu Besuch beim Zirkusdirektor Nando Orfei (zweiter von links)

Weißer Clown, gezeichnet von Fellini

ini mit Victoria Chaplin in ›Die Clowns‹

Der Autor im Hintergrund, der Regisseur von *Die Clowns*, der ohne es zu wissen, die Verantwortung für diese Voraussetzungen trug, war aber Fellini: Für Fellini war es nichts Ungewöhnliches, die Tatsache außer acht zu lassen, daß man einen Text, den man nicht kennt, nicht sagen kann. Fellini hatte den Hirten und den taubstummen Mimen ausgesucht und den Clownauftritt beschlossen. In der geheimnisvollen Absicht, sich an diesem Tag an Weitblick und zeitgerechter Planung selbst zu überbieten, lehnte Fellini in dem Augenblick, wo er die Voraussetzungen erkannte, automatisch jede Verantwortung ab, mit jener kindlichen Reaktion auf das Schuldgefühl, das bei anderen zu einem selbstmörderisch übersteigerten Verantwortungsgefühl führen kann.

Die Situation war verheerend? Also war die Situation schuld. Die Ouvertüre war schon schlimm genug, auch wenn sie nur schwach ahnen ließ, was folgen sollte: Der Mime hatte noch keine zwei Minuten auf das einzige vorhandene Drehbuchexemplar von ›Die Erklärung‹ geschaut, während der Hirt in einer Ecke saß und darauf wartete, daß er mit dem Lesen an die Reihe käme, ruhig und sicher, als hätte er alles schon brillant hinter sich gebracht. Fellini fiel über sie her, riß dem Mimen das Drehbuch aus der Hand, begann, die Sätze des einen und des anderen zu lesen, sie ungeordnet herauszuschreien, wobei er die beiden Clowns wie in einem Kampf hierhin und dorthin durch den Raum schleifte, sie einander näherte, trennte, sie zusammenstoßen ließ, von einer unerklärlichen, bereits rasenden Mißstimmung erfaßt, während die Clowns ihn verständnislos und gefügig gewähren ließen, weil ihr Staunen sie verständlicherweise daran hinderte zu verstehen, was Fellini wollte. Nachdem die Probe im ersten Augenblick schiefgegangen war, wurden Hirt und Mime in den Zirkus gezerrt und vor der Kamera allein gelassen wie Deserteure vor dem Exekutionskommando.

Die Rolle des Dario, also die des eleganten, autoritären, schlauen, gewalttätigen, logischen, hysterischen weißen Clowns sollte der Hirt spielen. Der Vorschlag schien unglaublich, ein Versehen. Aber nur bei einer konventionellen Betrachtungsweise. Den Haarschopf aufrecht auf dem Kopf, das Gesicht starr vor weißer Schminke, unter der der Schnabel und der sanfte Blick den Ausdruck eines aggressiven Bewußtseins erlangten, der glänzende schwarze Atlasumhang bis zur Wade hinunter, die durchsichtigen weißen Strümpfe, die aus den weiten Hosen hervorkamen, die femininen schwarzen Lackschühchen verliehen dem rohen Hirten eine sonderbar metaphysische, ziegenähnliche Eleganz, die schauderhafte Mischung aus Teuflischem, Glanz und Schärfe – ein sonderbarer, schmächtiger Kentaur – ein typischer weißer Clown.

Der Mime aus der Schweiz hingegen stellte Bario dar, und er fühlte sich in der wirbeligen Rolle des August besonders wohl, weil er sich dahinter verstecken konnte und sie ihn in dieser chaotischen Situation schützte.

Da es klar war, daß die Liebeserklärung unter diesen Umständen lange nicht zustande gekommen wäre, beschloß Fellini, absolut keine Zeit zu verlieren. Rasch schuf er einen Kreis von drei Personen: Im Off rezitierte und mimte er die Rolle des Dario; ihm gegenüber, vor der Kamera, wurde der wirkliche Dario beschworen, Fellinis Gesten passiv nachzuahmen und die vorgesprochenen Sätze zu wiederholen, die Bario dann seinerseits der Holzpuppe in Frauenkleidern wiederholen sollte. Die Einfachheit des Schemas stellte sich sofort als eine verhängnisvolle Falle heraus. Es gab keinen Zweifel, daß der Hirt sich nur auf eine Sache auf einmal konzentrieren konnte: Er imitierte Fellinis Gesten, aber er bekam die vorgesprochenen Sätze nicht vollständig mit und wiederholte sie verstümmelt, unzusammenhängend und dadurch noch unverständlicher für den armen Mimen, der ohnehin darauf angewiesen war, sie ihm von den Lippen abzulesen und sie schließlich völlig entstellte, indem er sie auf die ihm eigene zögernde Art mit rauher Stimme hervorstieß.

Der Abgestumpftheit des Hirten und der Behinderung des Mimen setzte Fellini seinerseits eine brutale, rasende Ungeduld entgegen, die von der Beleidigung zur Drohung, vom Sarkasmus zum hysterischen Anfall und schließlich zur Selbstbezichtigung überging. Aber Abgestumpftheit und Behinderung traten so nur noch deutlicher hervor; er löste beim Hirten eine gelangweilte, nörglerische Verärgerung und bei dem Mimen eine immer verwirrtere Beschämung aus. Fellini vergaß, daß sein eigener Zorn ihn leicht in eine irreparable Konfusion als Resultat irgendeines Nachspiels der wahnwitzigen Pantomime stürzen könnte. Ohne seine Kontrolle hätte man wirklich jede Orientierung in diesem tollhäuslerischen Durcheinander von Wiederholungen, Echos und Ritornellen verloren, das sich nur in immer noch verrückteren und noch überraschenderen Abschweifungen zu beruhigen schien. Der Hirt zum Beispiel deklamierte: »Mein Fräulein, von dem Augenblick an, wo ich sie sah, lebe ich nicht mehr!«, und legte sich die Hände rechts auf die Brust aus dem unwiderlegbaren Grunde – den er mit selbstgefälliger Bescheidenheit gestand –, daß er das Herz rechts habe.

So nützte es auch gar nichts, Fellini darauf hinzuweisen, daß der Mime taubstumm war. Er erwiderte in lakonischem Zorn, als sei die Behinderung eine Schuld des Mimen: »Das weiß ich! Das weiß ich!« Aber nicht einmal die folgende Pause machte ihn objektiver. Wenn man ihm sagte, daß es ebenso unbarmherzig und absurd sei, von Catoni (dem Hirten) eine ihm unmögliche geistige Beweglichkeit zu verlangen, wie wenn man von einem Bergarbeiter in einem Kohlenbergwerk Darbietungen im Stil Lawrence Oliviers verlange, antwortete er mit einer fast passenden Paradoxie: »Aber Catoni ist kein Bergarbeiter, er ist die Kohle!!« Und auch nicht der geringste Schatten eines Zweifels kam auf beim Gedanken daran, daß er selbst ja die Kohle ausgewählt hatte. Wenn er die Wahl getroffen hatte, um eine wahrheitsgetreue Darstellung des Dario gerade umgekehrt durch die absolute Unglaubwürdigkeit von Catoni zu erreichen, mußte er nun auch die Risiken dieser schwierigen Operation tragen.

Schließlich, was niemand vermutet hätte: Ein berühmtes Clown-Entrée war um eine neue, außergewöhnliche Gestalt reicher – eine daher um so wertvollere Version, von der man nur hoffen kann, daß sie unverändert bleibt –, und der klassische, reaktionär-komische Inhalt aller Clown-Entrées hatte eine bedeutende neue Blüte hervorgebracht.

»Wohin enteilst du, Glück?«

Fellinis Grausamkeit verwirrten Schauspielern gegenüber kann Formen eines Zynismus annehmen, der in seiner reinen Gewalttätigkeit bisweilen sogar komisch wirkt. Einmal verfolgte eine arme Ziehharmonikaspielerin, die immer wieder Pech hatte, Fellini monatelang mit verzweifelten Briefen, dramatischen, stummen Auftritten auf der Schwelle seines Büros, musikalischen Darbietungen, zu deren höchst traurigem Anlaß auch noch die ohrenbetäubenden Klänge des Akkordeons, der beängstigende Inhalt des Liedes: ›Wohin enteilst du, Glück?‹, und schließlich das Ausbrechen in Tränen kamen. Mit seiner zuweilen absurden Geduld ließ Fellini sich monatelang plagen. Eines Tages ließ er die Ziehharmonikaspielerin rufen, denn sie sollte sich selbst in einem Dokumentarfilm spielen, den er gerade für das amerikanische Fernsehen verwirklichte. Von diesem Ereignis, welches so unerwartet die dichte Kette ihrer Unglücksfälle durchbrach, völlig verwirrt und aus Angst – oder dem unbewußten Wunsch – einen Fehler zu machen, wie gelähmt, verlor die arme Frau auf dem Set mit einem Schlag jegliche Fähigkeit zu denken und zu handeln. Der Kamera hatte sie nichts anderes zu bieten als eine starrköpfige, zornige Unbeweglichkeit: keine Selbstzerfleischung, keine Rührseligkeiten, keine Tränen, kein: ›Wohin enteilst du, Glück?‹

Fellini ließ nichts unversucht, um diese gespannte Stumpfsinnigkeit irgendwie zu durchbrechen: er gab sich liebenswürdig, dann überredend, dann hart. Schließlich trat er auf sie zu und schrie ihr, ausgerechnet ihr, ins Ohr: »Siehst du denn nicht, wie du vom Pech verfolgt bist? Auch dieses Mal gelingt es dir nicht!« Der Selbsterhaltungstrieb folgt automatischen Gesetzen. Die Ziehharmonikaspielerin ließ mit einem Schlag von ihrer dunklen, selbstmörderischen Untätigkeit ab und kehrte zu ihrer alten, klagenden Lebhaftigkeit zurück. Wie Fellini es wollte. Aber er mußte für seinen wirksamen Zynismus teuer bezahlen. Für weitere, endlose Monate mußte er die jammervollen Verfolgungen der Musikerin ertragen, die mit gräßlicher Hartnäckigkeit fortfuhr, Trost und Sicherheit in bezug auf die Qualität ihrer Darbietung an jenem Tag zu verlangen.

Es ist selten, daß ein Laiendarsteller seinen Text sofort richtig sagen kann. Fast immer lenkt ihn die Anstrengung, sich an die Worte zu erinnern und sie richtig zu betonen, ab und läßt ihn die Gesten und Bewegungen (die für Fellini weitaus wichtiger sind) vergessen, mit denen er die Worte begleiten soll, oder aber er führt sie zögernd oder mit Pausen dazwischen aus.

Um diese Schwierigkeit zu beseitigen, die unter

Umständen viel Zeit kosten kann, hat Fellini sich das ›Zahlensystem‹ oder die ›numerische Diktion‹ ausgedacht: Statt des Textes läßt er den Schauspieler die Zahlen in ihrer natürlichen Reihenfolge aufsagen. So entspricht zum Beispiel ein Satz mit 15 Worten einer Zählung bis 30, 1-2-3-4-5-6-7 und so weiter, und so weiter. Auf diese Weise ist es für ihn ganz leicht, den Schauspieler zu führen, ohne ihn zu stören: »Geh drei Schritte vor. Dreh den Kopf nach links. Lächle. Heb den Kopf. Schau jetzt nach rechts. Streich dir über das Haar. Seufze jetzt. Geh weiter. Bleib jetzt stehen. Beweg dich nicht.«

Und folglich kann man ziemlich häufig einen solchen Wortstreit hören:

Fellini: »Warum hast du bei 9 den Kopf nicht gehoben?« Schauspielerin: »Aber ich habe ihn doch bei 9 gehoben!« Fellini: »Das ist nicht wahr. Du hast den Kopf bei 12 gehoben.« Schauspielerin: »Nein, bei 9!« Fellini: »Gut, dann mußt du schneller zählen!«

Es mag einem unwahrscheinlich vorkommen, daß ein Schauspieler, der wie ein Gegenstand behandelt wird, auf der Leinwand wirklichkeitsnah und wirkungsvoll erscheinen kann. Es ist jedoch gerade die kalte Geometrie der Gesten und Handlungen, die von außen bestimmt werden, das Fehlen jeder bewußten Anteilnahme des Schauspielers, die den Gestalten eines Fellini-Films eine derart penetrante Präsenz verleiht.

Oft verschiebt Fellini die Wahl eines Schauspielers, egal ob es sich um einen Berufsschauspieler oder um einen Laiendarsteller handelt, bis zum letzten

Augenblick. Es kam einmal vor, daß ein Klavierstimmer mit einem schüchternen, gutmütigen Gesicht, das an das einer Maus im Zeichentrickfilm erinnert, eines Morgens ganz früh auf der Schwelle seiner Werkstatt gepackt, in ein Auto gezerrt, nach Cinecittà gebracht, in einen Smoking gesteckt und auf den Set geworfen wurde, wo er bis 60 zählen sollte: und dies alles binnen 30 Minuten. Der arme Mann konnte nichts anderes tun, als schwitzen und zählen, schwitzen und zählen mit einem fast terrorisierten Gesichtsausdruck. Nach der Zahl 40 wurde das Zählen schneller und frenetisch, als ob der Klavierstimmer im Rücken den unheilvollen Druck eines Maschinengewehrs spürte. Die Aufnahmen der Sequenz, in der der ›Entführte‹ auftrat, dauerten ungefähr eine Woche. Aber schon nach dem zweiten Tag bewegte er sich im Atelier und auf den Wegen von Cinecittà mit der sicheren und ruhigen Miene eines Filmveteranen. Wer weiß, vielleicht hatte er nur geträumt, daß er einmal Klavierstimmer gewesen war. Nun wußte er überhaupt nicht, wer er eigentlich war. Aber das machte nichts.

Um auf dem Gebiet der Musik zu bleiben; es ist auch passiert, daß ein Schauspieler eine schizophrene Identifikation riskiert hat, so unverschämt war Fellini in seiner scherzhaften Hartnäckigkeit, mit der er ihm vorwarf, nicht die Gestalt zu sein, die er darstellte. Der Schauspieler Barrocci, ein rundes, glattes, weichliches Gesicht mit großen Kinderaugen, sollte einen Musiklehrer darstellen und zwei Nönnchen am Klavier dirigieren, aber kaum setzte das Play-back ein, machte er mit den Armen so plumpe und unpassende, so mechanische und erstaunliche, unfaßbare Bewegungen, daß es nicht einmal Fellini mit seiner blühenden Phantasie gelang, sie zu erfassen, um sie abstellen zu können. Das Ergebnis? In den Drehpausen ging Fellini zu Barrocci und fragte mutlos: »Wer weiß, warum du Musik studieren wolltest, Barrocci ... Ich verstehe gar nicht, warum du an einer Berufung festhältst, für die du nicht geeignet bist ... Hm!« Die ersten Male reagierte der Schauspieler auf die hartnäckige Provokation des Regisseurs, indem er ärgerlich richtigstellte, er habe nie Musik studiert und habe auch nie daran gedacht, es zu tun. Auf die soundsovielte Frage: »Glaubst du nicht auch, daß es recht mysteriös ist, daß du Musik studieren wolltest?« begann sich aber dann auf dem perplexen Gesicht von Barrocci die unruhige Überzeugung abzuzeichnen, daß es ja vielleicht wirklich mysteriös war. Vielleicht war es tatsächlich ein Fehler gewesen.

Lange Zeit hindurch galt es für viele Damen aus der Aristokratie, der Bourgeoisie, dem kulturellen und künstlerischen Dschungel der Hauptstadt als scheinbar unerläßliche Lebenserfahrung, als gesellschaftliches Ziel, als Snobismus, als höchst willkommene Film-Krankheit wie die Masern, eine kleine Rolle in einem Fellini-Film zu spielen.

Manche erwarteten etwas Unwiederbringliches.

Eine schlechte Laune des Regisseurs, ein Augenblick der Verwirrung, eine falsch verstandene Anweisung, und schon ertönt von Fellini aufgebracht mitten im Kreis von hundert Personen der eigentlich ruhmvolle Name der adligen Dame mit einem ganz kurzen, beleidigenden Beinamen versehen: »Lucifreddi del cazzo!!!!«*

Wenn dieses fürchterliche Mißgeschick hingegen Alessandra Mannoukine passiert, kann die Sache einen anmutigen Epilog haben, der ganz zu ungunsten von Fellini ausgeht. Alessandra Mannoukine ist eine bewundernswerte ältere Nebendarstellerin russischer Abstammung, die an einen gefärbten, abgelutschten Bonbon erinnert (ihr Mann, ebenfalls Schauspieler, ähnelt hingegen einer Lakritze-Stange) und die liebenswürdige Leere einer ungefüllten Schachtel hat. Fellini möchte sie in jedem seiner Filme haben, vielleicht nur um zu streiten.

Seit mehr als einer Viertelstunde versucht die Mannoukine mühsam, sich in ihre Rolle hineinzuversetzen, aber bisher hat sie nur das nebelhafte Bewußtsein, daß sie sich im Atelier befindet.

Fellini, rot vor Zorn und kurz vor einer Bluttat: »Mannoukine del cazzo!!!«

Alessandra, ruhig und erstaunt (das Erstaunen ist bei ihr Zeichen äußerster Anspannung), mit feierlichem Akzent: »Was bedeuten ›cazzo‹?«

Der Regieassistent, der neben ihr steht, versteht sofort, daß irgendeine Antwort nötig ist, um sie aus der Sackgasse zu führen und die Arbeit fortsetzen zu können, denn sonst wird Mannoukine endlos weiterfragen. Verlegen und amüsiert flüstert er ihr eine vage Erklärung zu. Alessandra, immer noch ruhig und erstaunt (das gleiche Erstaunen bedeutet auch Mißbehagen), brüllt Fellini an:

* ›cazzo‹: vulg. für männliches Glied; also etwa ›Lucifreddi vom Schwanz‹

»Bitte, du mit mir einen höflicheren Ton gebrauchen!«

Es kostet noch eine weitere halbe Stunde Zeit, bis Mannoukine schließlich in einer schrecklichen und krampfhaften geistigen Anstrengung erfaßt, was sie zu tun hat. Aber Fellini tut jetzt so, als wäre nichts.

Die Intimität zwischen Fellini und dem Schauspieler wird tatsächlich zu einem verzauberten Zwiegespräch, wenn Fellini selbst im Off dem Schauspieler oder der Schauspielerin als ›Stütze‹ dient: Im grellen Licht der Scheinwerfer isoliert, den Blick starr auf das Objektiv gerichtet, lächelt, fragt und spricht der Schauspieler mit dem Regisseur, einer umrißhaften Gestalt im halbdunklen Lichtkreis, der den Set umgibt, die gerade deshalb mitreißender und hypnotisierender wirkt. Fellini hat den Kopf leicht zur Seite geneigt, so daß er fast die Kamera berührt, die Augen halb geschlossen, zusammengekniffen, um den Raum der Einstellung zu erfassen; er zeigt seine für diese Augenblicke typische Haltung: Mit der Gier und der heimtückischen Zufriedenheit des Satyrs, der sein Opfer belauert und dessen Bewegungen andeutet, als wolle er sie genießen oder sie ihm suggerieren, um es dann fester zu umstricken, verkörpert er seinerseits jede Rolle, indem er ihre Gesten mimt und ihre Stimme imitiert. Das Dunkel, in dem sich Fellinis mimische Lebhaftigkeit verliert, hat für den Schauspieler geheimnisvolle, alarmierende Echos, als würde er von unbestimmten Täuschungen angezogen und von plötzlichen Metamorphosen getäuscht.

Oft haben ähnliche Gespräche einen humoristischen Einschlag, denn Fellini kann ohne Unterschied und immer mit penetranter Genauigkeit die Rolle eines bösen, kleinen Mädchens, eines Betrunkenen, einer Geliebten, die sich halb ohnmächtig dem Orgasmus nähert, eines Gecken, einer Nymphomanin, eines Priesters oder einer Geschäftsführerin skizzieren. Bei diesen Gelegenheiten zeigt sich Fellini als ein hervorragender Schauspieler; aber gleichzeitig sind die Anzeichen, die bestätigen, daß er es niemals hätte sein können, die unmerkliche Ironie, mit der er die Gestalt zerstört, und das glänzende Komödiantentum, das ihn noch mehr dazu treibt, die Gestalt selbst zu überdehnen, sie spitzfindig zu verspotten, wodurch er seine natürliche Unfähigkeit, sich gänzlich mit ihr zu identifizieren, demonstriert.

Von den Protagonisten des Films abgesehen, zu denen der Regisseur wie gesagt eine ganz besondere und komplexe Beziehung hat, wissen alle anderen Schauspieler wenig oder nichts, vielleicht nicht von dem Film, aber von den Gestalten, die sie darstellen; das wenige, das man aus einer oder zwei Seitchen Dialog oder aus ihrer Kleidung entnehmen kann – also das unsicherste Anzeichen –, oder das Nichts, das im ›Zahlensystem‹ zum Ausdruck kommt. Fellini um Erklärungen zu bitten, wagen sie nicht (wenn sie es täten, würde er doch nur mit wohlwollender Ironie oder einer noch frustrierenderen Geheimnistuerei antworten); sich an die Regieassistenten oder jemand anders zu wenden, würde sie beschämen. Daher müssen sie notgedrungen abwarten, bis der Film herauskommt, um ihn dann anzusehen und die eigene Identität entdecken zu können.

Inzwischen, während der Dreharbeiten, besteht

ihre größte Anstrengung darin, würdevoll ihr Mißbehagen und die beunruhigende Verwirrung mit der übertriebenen Ungezwungenheit zu überspielen, die die Konfusion des Set ihnen gestattet.

Einige, die mit dem Milieu, das sie umgibt, weniger vertraut sind, laufen verloren und mit irgendwie leidvoller Miene herum. Oder es handelt sich um Laiendarsteller, die durch das Zählen bei ihrer Darstellung am meisten über die eigene Rolle im unklaren gelassen werden. Sie verfolgen die Aufnahmen der verschiedenen Einstellungen mit gespannter, raubtierähnlicher Aufmerksamkeit, die ein ganz anderes Ziel verdienen würde, und versuchen, den stets unfaßbaren Grund für ihre Anwesenheit dort an jener Stelle herauszufinden. Oder sie tun mit vergnügter Miene so, als gingen sie gerade hinter Fellini und dem Architekten, die miteinander plaudern, spazieren, oder sie stellen sich daneben und schauen nach rechts und nach links, als suchten sie nach einer Person oder einem Gegenstand, auf den sie zugehen könnten: und dies alles, um ein Wort oder einen halben Satz aufzuschnappen, der ihnen Aufklärung gibt, worüber, das wissen sie inzwischen selbst nicht mehr.

Das Pressebüro

Mein Wunsch, einem nochmaligen Dasein als Regieassistentin zu entfliehen, war so glühend, die Überzeugung, das Pressebüro sei ein autonomer, weil peripherer Sektor des Films, so fest, daß ich schließlich außer acht ließ, was jeden anderen entmutigt hätte: die Tatsache nämlich, daß das Pressebüro des neuen Films gar nicht existierte. Oder jedenfalls während der ersten Monate der Dreharbeiten nicht existieren würde.

Mit viel Geduld erfüllte Fellini mir am Ende meinen Wunsch und beschränkte sich auf folgenden Kommentar: »Glaubst du denn, daß es interessanter und amüsanter ist, am Telefon mit dem Reporter einer Tageszeitung oder einer Zeitschrift zu sprechen als mit dem Schauspieler Chiodo und dem Nebendarsteller Capitani?« Biblische Worte.

In Wahrheit war es fast unmöglich, über *Roma* etwas zu sagen. Nicht zufällig hatte sich Fellini immer geweigert, zu sehr bei dem Film selbst zu verweilen: Er mußte den eigenartigen Unterschied zwischen dem, was er gerade tat, und dem, was er darüber zu sagen imstande war, zuerst geahnt und dann festgestellt haben. Und dann ist das, wovon der Regisseur spricht, fast nie der Film, sondern die intime, private Beziehung, die er zu dem Film haben muß, um ihn machen zu können. Schon in der Vorbereitungsphase hatte der Film jede Art von Vermittlung, die versucht hätte, sich zwischen ihn und das Publikum zu stellen, entmutigt und zunichte gemacht. Ich glaube, daß Fellini mit *Roma* den Filmtyp, den er seit einigen Jahren realisiert, bis zur äußersten Konsequenz getrieben hat: Das Bild als absolute Erfahrung der Realität. Das Bild an diesem Punkt verhält sich zur Erfahrung wie eine Speisekarte zu den Gerichten.

Aus diesem Grund wurde das Pressebüro von *Roma* sofort eine Ausgabestelle der Film-Speisekarte: Kindheitserinnerungen an Rom – Die Ankunft in Rom – Der Raccordo Anulare – Villa Borghese – Das Barafonda-Theater – Die Untergrundbahn – Die Bordelle – Die kirchliche Modeschau – Trastevere. Wie man aufgrund der Titel feststellen konnte, handelte es sich weniger um Episoden – bei dieser Bezeichnung könnte man fälschlich an eine Erzählung denken – als vielmehr um Orte und Momente. Man konnte zu ihrem Namen nichts hinzufügen, denn der Film selbst basierte einzig und allein auf diesen Orten und diesen Momenten, er materialisierte deren Existenz vollkommen, so wie die Namen sie angaben.

Sicher war, daß dies nach *Das süße Leben* und *Satyricon* der dritte Film war, den Fellini Rom widmete. Obgleich die Stadt in jedem Film anders dargestellt wird, ist das Motiv meiner Ansicht nach identisch: Vielleicht besteht zwischen Fellini und Rom die gleiche gefühlsmäßige Bindung wie zwischen einem Forscher und seinen Meerschweinchen. Und wie der Forscher seinen Meerschweinchen gegenüber Dankbarkeit empfindet, weil sie ihm gestatten, seine Experimente zu machen, liebt Fellini

Burt Lancaster zu Besuch im Studio (rechts oben)
Liliana Betti mit Anouk Aimée und Albert Finney (rechts unten)

diese Stadt und kehrt zu ihr zurück, weil es ihm nur in ihren bekannten und vertrauten Perspektiven und nur unter Verwendung ihres Materials gelingt, über unsere Zeit immer deutlicher und erbarmungsloser Zeugnis abzulegen. Was war *Roma* also über die Stadt hinaus, die der Protagonist dieses Filmes war? Ich erinnere mich daran, daß mich jedesmal, wenn ich während der Dreharbeiten auf den Set ging, eine Einzelheit beeindruckte: Ambiente und Epoche konnten verschieden sein, aber das Schauspiel, das sich vor der Kamera abspielte, war stets dasselbe: eine Menschheit, die in dauernder Bewegung dazu verdammt ist, ihren leeren Fetischen, alten oder neuen, zu leben: die wilden Zuschauer in dem kleinen Barafonda-Theater und die traurigen Helden des Varieté-Programms auf der Bühne. Die finsteren Paraden der Faschisten und ihr niedergeschlagenes Publikum. Die triste, feierliche Kirchenmodenschau und ihre Anhänger, blasse, trauervolle Masken. Das tollhäuslerische Ringelreihen der Prostituierten vor ausgehungerten Kunden. Das absurde Karussell des Verkehrs auf dem Raccordo Anulare. Die Reise in den monströsen, technologischen Bauch einer im Bau befindlichen Untergrundbahn. Das kopflose Durcheinander der Menge bei einem Fest in Trastevere wie in einem dunklen, infernalischen Aquarium. Und zum Schluß der alberne, geräuschvolle Streifzug von etwa dreißig jungen Kentauren, sterilen Repräsentanten einer obskurantistischen oder dekadenten Revolte, durch die nächtliche Stadt. Niemals hat Fellini das Individuum so wie in diesem Film hervorge-

Mittagessen mit Louis Malle (links oben)
Sergio Leone zu Besuch im Studio (links unten)

hoben, indem er die gemeinsten Riten der Kollektivität zelebrierte.

Aber dies alles war schon eine Interpretation, noch dazu eine recht fragwürdige, während man weiß, daß die tatsächliche Aufgabe eines Pressebüros die Information ist. Leider verfiel man bei *Roma* unweigerlich in den Schematismus eines Menüs.

Inzwischen wurde Fellini völlig von den Dreharbeiten in Anspruch genommen, und sein Entschluß, keine Interviews zu geben, keine Journalisten zu empfangen und nicht über den Film zu sprechen, war unabänderlich. Ebenso hartnäckig war die Belagerung der Journalisten, die immer wieder telefonierten, um Interviews baten, mit Fellini sprechen und etwas über den Film erfahren wollten. Mit dem Eifer eines Teppichverkäufers und der unermüdlichen Ungeniertheit gewisser Händler, die sich in der Nähe berühmter Wallfahrtskirchen finden, versuchte ich dem Drängen der Journalisten auszuweichen, indem ich ihnen unterschiedslos Standfotos, alte biographische Aufzeichnungen über den Regisseur, 10 vervielfältigte Seiten aus dem Drehbuchentwurf von *Roma* und die verschiedenen Berichte, die ich nach und nach über jede Sequenz verfaßte, anbot. Ein Mißerfolg. In den meisten Fällen endeten die Verhandlungen, die sich über ganze Wochen hinziehen konnten, systematisch mit einem endgültigen: »Entweder Fellini oder gar nichts.« Dies alles hat mich zu der Erkenntnis gebracht, daß das Pressebüro eines Fellini-Films mit Fellini selbst steht und fällt.

 Anna Magnani mit ihren Hunden, gezeichnet von Fellini

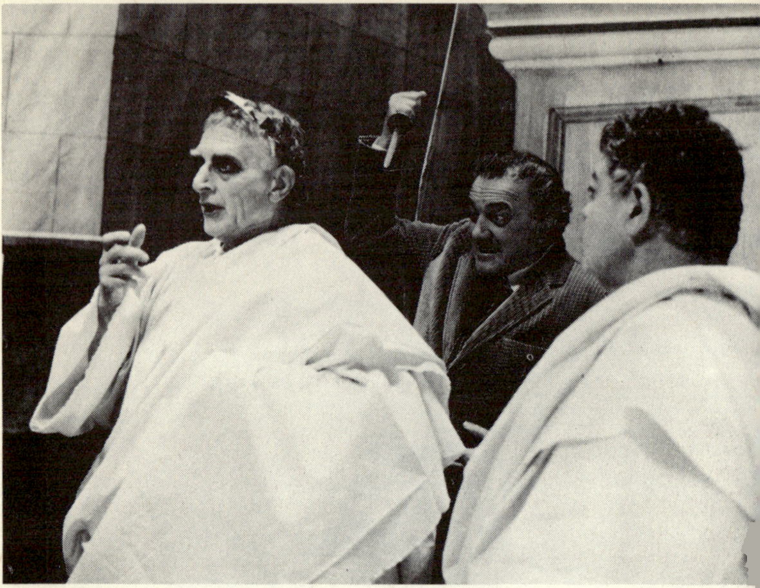

Die Ermordung Julius Caesars. Fellini beim Vorspielen in ›Roma‹

Die Modeschau der Prälaten

Der Protest des Lehrers

Festa de Noantri

Das Teatrino della Barafonda

e Modeschau der Prälaten

ta de Noantri

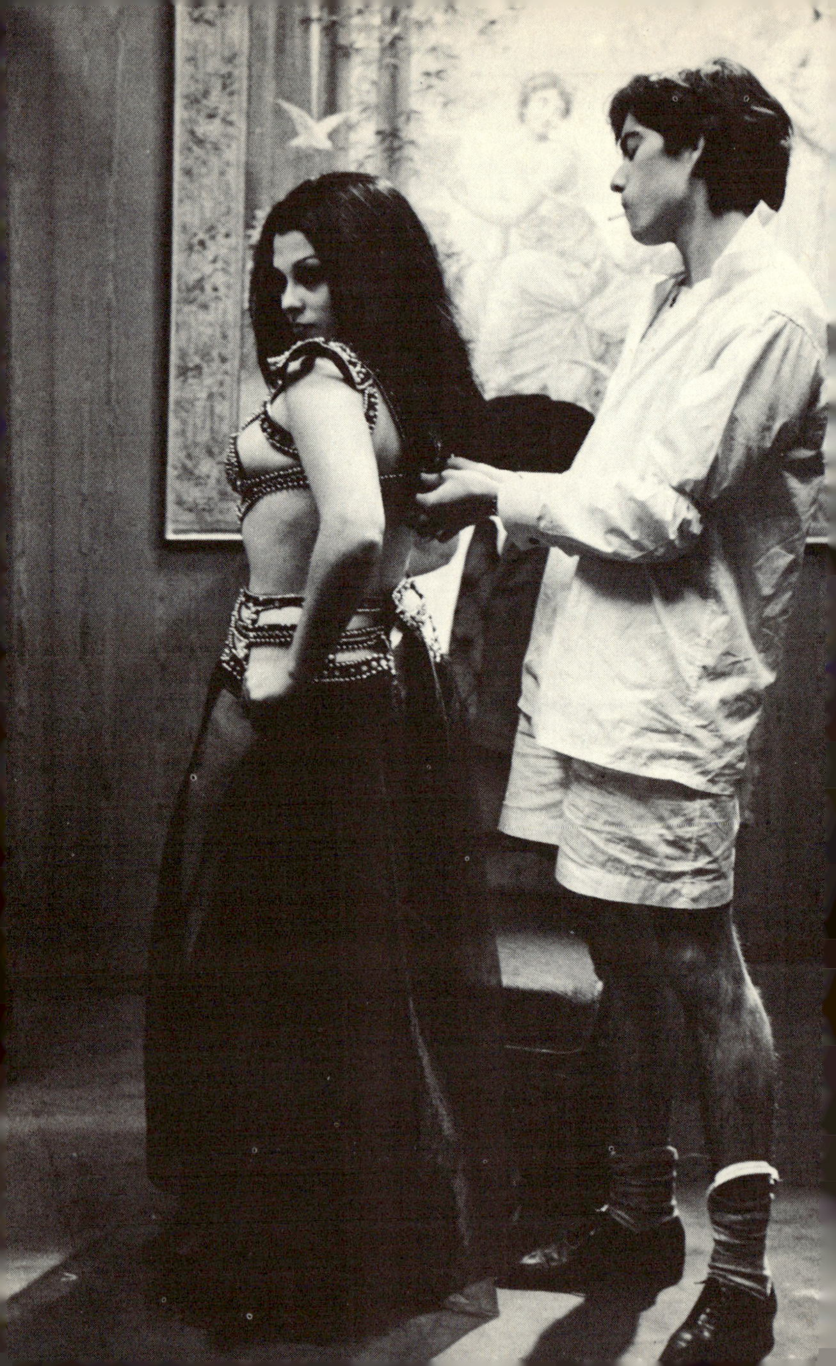

Die Sache hat ihre Risiken, sie hat aber auch Vorteile. Die wenigen Journalisten, die sich mit einem Fellini aus zweiter Hand zufrieden gaben, waren im allgemeinen die Berichterstatter von Provinzblättern oder die Korrespondenten von Zeitschriften und Filmmagazinen anderer Länder, oft aus Südamerika oder dem Osten. Sie kamen im Büro vorbei, nahmen ihren Umschlag mit Fotomaterial und Aufzeichnungen zur Entstehungsgeschichte des Films in Empfang und verschwanden. Man grüßte sich freundlich, aber man wechselte kein unnötiges Wort. Was hätte man auch sagen sollen? Und doch waren die Interviews mit Fellini, die diese Parias des Pressebüros sich erfinden mußten, abgesehen von einer leichten Farblosigkeit in Ermangelung des ›Erlebten‹, fast immer beachtenswerter als die echten, die im allgemeinen ein Privileg der Zeitungen mit großer Auflage sind.

Was die wirklichen Interviews anbetrifft, war *Roma* eine fast vollständige Katastrophe. Eine Katastrophe, die zum Teil abgewendet worden war, weil Fellini nur wenig Interviews, vielleicht vier oder fünf, gegeben hat. Und doch haben sie genügt, um eine Kasuistik ohnegleichen auszulösen: Von einigen hat man gar nichts mehr gehört, nicht nur von den Interviews, sondern auch von den Journalisten nicht, die sie gemacht hatten und die irgendwohin verschwunden waren, vielleicht in die Fremdenlegion, bei den übrigen verlief die Sache gelinde gesagt unerhört: Der Journalist, fast immer Sonderberichterstatter einer großen Wochenzeitschrift, traf mit Fellini zusammen, die beiden gingen zusammen essen, und zwischen zwei Gängen plauderte der Regisseur ausführlich über den Film. Anschließend wurde der Korrespondent eingeladen, auf dem Set einigen Aufnahmen beizuwohnen. Alles ganz in Ordnung. Aber nach einer Woche telefonierte der Herausgeber der Zeitschrift, für die der Journalist tätig war, wieder und bat mit der größten Selbstverständlichkeit um ein zweites Interview für seine Zeitung, als wären inzwischen Monate vergangen und Fellini schicke sich an, einen anderen Film zu drehen. Man konnte nie genau erfahren, warum um ein zweites Interview gebeten wurde: Vielleicht hatte der Korrespondent, als es darum ging, die Notizen zu koordinieren, die er während der faszinierenden, aber chaotischen Plaudereien Fellinis über *Roma* gemacht hatte, die Orientierung verloren und Schiffbruch erlitten; oder, falls er etwas zustande gebracht hatte, mußte das Resultat wohl ziemliche Ratlosigkeit hervorgerufen haben. Der Herausgeber der Zeitschrift schickte also einen zweiten Journalisten zum Angriff los, der Fellini bereits kannte, wohl mit dem Wunsch, daß die größere Vertrautheit einen weiteren Mißerfolg abwenden würde. In der Tat diente dieser Ausweg nur dazu, ein Desaster zu vermeiden, im übrigen nützte es nicht viel. Im Gegenteil. Wenn der neue Interviewer, der ›Freund‹ Fellinis, ungenierter und entschlossener an den Regisseur herantrat, hörte er ihm jedoch mit einer Aufmerksamkeit zu, die von gefährlichen, früheren Überzeugungen eingeschränkt war. In dem Artikel, den er später fabrizierte, gebrauchte er dann schließlich den gleichen Stil, die gleichen Gesichtspunkte und sogar den gleichen Anekdotenschatz wie in einem früheren Bericht über *Das süße Leben.*

Fellini zu interviewen ist relativ einfach, wenn man das Verbot zu umgehen versteht. Es genügt zum Beispiel, wenn man im Studio herumläuft, in dem er gerade dreht, und geduldig auf einen freien Moment zwischen einer Einstellung und der nächsten wartet. Dann ist die Begegnung Regisseur–Journalist eine gemachte Sache: Fellini identifiziert sich mit dem Film, den er gerade macht, derart, daß jeder, der mit dem Film in Berührung kommt, möglicherweise nur durch die bloße Anwesenheit auf dem Set, automatisch auch mit ihm in Kommunikation tritt.

Die Schwierigkeiten beginnen, wenn es darum geht, das Interview wiederzugeben, es schwarz auf weiß festzuhalten. In diesem Augenblick stellt man fest, daß es nicht viel nützt, alles sorgfältig auf Tonband aufgezeichnet oder eifrig auf den Notizblock geschrieben zu haben, denn das vorhandene Material fällt, einmal vom Autor getrennt, einer sonderbaren Degeneration zum Opfer, wird anders und oft beachtlich schlechter als das Original. Der Schlüssel zu einem Fellini-Interview ist ohne Zweifel Fellini selbst; seine Antworten, seine Ansichten, seine Erzählungen bewahren ihre Authentizität nur, wenn es gelingt, sie in dem Kontext, aus dem sie hervorgegangen sind, zu belassen. Sie müssen im Zusammenhang gesehen werden mit einem unermüdlichen Hang, alles zu entstellen und auszuweiten, einem aggressiven und provozierenden Humor, einer nur äußerlich großzügigen Disponibilität, die im Grunde ein irreführendes Spiel von Spiegelungen ist, das eine innere Reserviertheit schützt, dem Geschmack am zerstörerischen Paradoxon, der Freude am aufsehenerregenden, aber immer signifikanten Widerspruch, am unerwarteten, aber auf seine Art einleuchtenden Dementi und an der überraschenden, aber enthüllenden Schlußfolgerung. Gewöhnlich aber werden in der Phase der Niederschrift entweder der inhaltliche oder der Ausdrucks-Aspekt vernachlässigt. Folglich ist das unkorrigierbare Resultat fast immer eine fade Verstümmelung: entweder die Darstellung einer stereotypen Persönlichkeit, die seit Jahrzehnten mit den gleichen Manien, der gleichen Koketterie, dem gleichen mimisch-psychologischen Repertoire gezeichnet wird. Oder es handelt sich um eine langweilige Aneinanderreihung von Fragen und Antworten, die zwar wortgetreu wiedergegeben werden, die aber aus jedem Kontext und vor allem von der Person losgelöst etwas von der Würze, die auch ihren Sinn ausmacht, einbüßen.

Niemand kann mit gutem Grund bestreiten, daß das Interview eine sehr einfache journalistische Konvention ist, eine der elementarsten und häufigsten Formen, deren sich die Massenmedien bedienen. Jedoch unter der Bedingung, daß die beiden Determinanten der Konvention, das heißt der Interviewer und der Interviewte, sich genau an ihre stereotype Rolle halten: Der Interviewer führt seine Befragung auf die genaueste, direkteste und unpersönlichste Art durch, während der Interviewte gehalten ist, die eigene Persönlichkeit (es ist dabei nicht so wichtig, ob es die wahre ist oder nicht) in allen ihren Zusammenhängen und Einzelheiten zusammenzufassen:

Lebensanschauung, Geschmack, Vorlieben, Entschlüsse, Arbeit, die Vorhaben und ihre Motivation, die Resultate und ihr Sinn und so weiter in möglichst erschöpfenden und endgültigen Antworten.

Bei Fellini löst sich dieses starre Schema sofort auf. Lautstark. Die abstrakte, kalte Konvention, ihre anonymen Termini, ihre fest vorgegebenen Rollen, dies alles vermischt und verändert sich bei der einfachen, intensiven und stets riskanten Begegnung zweier menschlicher Wesen, die neugierig, anteilnehmend und spontan zusammentreffen, um die gegenseitige Entdeckung und eine bescheidene, vergängliche Klärung der aufgegriffenen Argumente voranzubringen, wenn auch nur in der lächerlichen Absicht, die die Gelegenheit bietet. Der Humor, der häufig scherzhafte Ton, die spielerische Haltung, die Fellini dem zwischenmenschlichen Kontakt gibt, der für ihn ein Interview ausmacht, können verschiedene Ziele haben: erstens, mit der törichten Arroganz der journalistischen Konvention zu brechen, zweitens, jene Scheu vor sich selbst und jene wachsame, unverschämte Klarheit und jenes Bewußtsein zu bewahren, die ihn nie im Stich lassen; das dritte Ziel kann einfach in dem Versuch bestehen, auf irgendeine Art die erheiternde Unangemessenheit einer Frage zu neutralisieren. Der Journalist leise in vertraulichem Ton, nachdem er argwöhnisch um sich geblickt hat: »Wie stellen Sie sich denn Gott vor?« Fellini erschrocken: »Es wundert mich, daß Sie in dieser Hinsicht noch Zweifel haben ... Sie haben ihn doch vor sich!«

Wenn Fellinis Gesprächspartner ein disponibler,

offener und sensibler Mensch ist, beschränkt er sich darauf, das Zusammentreffen mit dem Regisseur so wiederzugeben, daß seine brausende, schemenhafte, widersprüchliche Natur und sein provisorischer Charakter gewahrt bleiben. Sein Zeugnis ist dann zwar nicht erschöpfend, aber wenigstens authentisch, zwar nicht endgültig, aber wenigstens bedeutsam. Wenn jedoch die eisernen Erfordernisse der Massenmedien die Oberhand gewinnen, wird das gesamte emotionale, imaginative, intellektuelle Material, das sich während der Begegnung aufgehäuft hat, durch die weiten Maschen der Konvention entschlüpfen und verschwinden.

Die Dinge scheinen leichter, wenn der Journalist einen autonomeren, subjektiveren Weg wählt, nämlich den Artikel, das Porträt, das in Ichform geschriebene Feuilleton im Anschluß an eine diskrete, einfache Beobachtung von Fellini bei seiner Arbeit. Aber die Leichtigkeit ist nur scheinbar. Wenn er nicht durch die Ungreifbarkeit der konkreten Gegenwart des ihm gegenübersitzenden Fellini aus dem Konzept gebracht wird, muß er sich darauf beschränken, Schatten und Echo dieser mehr passiven Gegenwart wiederzugeben, also Reflexe, die noch rätselhafter und unergründlicher sind. Besser haben es diejenigen, die sich ihren Fellini erfinden, ihn sich ausdenken; ihre Hypothesen haben wenigstens die sinnvolle Festigkeit unbestrittener Überzeugungen.

Und dann kann man ja nie wissen. Protestiert Fellini vielleicht, wenn er aus einer Zeitung erfährt, daß er einer Organisation zum Schutz der Lappen angehört, daß er Mitglied einer Unterorganisation der EG oder der begeisterte Anhänger eines Nudistenclubs ist? Wundert er sich vielleicht, wenn er vom künstlerischen Leiter der Pariser Oper einen besorgten Brief erhält, in dem er gefragt wird, wie man einen größeren Posten Liliputaner beschaffen kann?

Amarcord

»Und die Stechmücken? Gibt es auch eine Stechmückenplage in dem Film? Gestern abend habe ich mit meiner Schwester darüber gesprochen, und wir haben uns gefragt . . .«

Fellini: »Aber sicher! Die von 1940 im Agro Pontino wird eine der schrecklichsten Sequenzen sein . . .«

»Vielen Dank, Signor Fellini, auch im Namen meiner Schwester; wir waren nämlich ganz sicher!«

Dieses Telefongespräch hat die Barrieren der verschiedenen Telefonzentralen und Büros von Cinecittà überwunden. Aber es war es auch wert. Seit Fellinis neuer Film mit dem Titel *Der vergewaltigte Mensch* angekündigt wurde, ist von der schwindelerregenden Lawine von Hypothesen und Versionen, die eifrig vom Regisseur und den Pressebüros verbreitet wurden oder die von selbst durch den außergewöhnlichen anonymen Protagonisten entstanden sind, folgende ohne Zweifel am erstaunlichsten und kühnsten: sein angeblich wissenschaftlicher Ansatz, sein dokumentarischer Anspruch und die Gattung der einfallenden Insekten: die Stechmücken machen daraus ein erhabenes Lehrstück.

Und das Lehrstück hat mich verzaubert. Noch einmal auf schimpfliche Weise. Ich hatte beschlossen, *Amarcord* ein professionelles Interesse zu widmen, das gleichsam unempfindlich gegenüber dem Klima und der besonders charakterisierten Atmosphäre ist, die jedesmal um und in einem Film von Fellini entsteht, eine Atmosphäre voll von unerwarteten Dingen, überraschenden Tatsachen, undenkbaren Gestalten, Verrücktheiten, Abgründen – eines gärenden, rasenden Lebens. Aber es war vergeblich: Es ist so, als wolle man die Luft ohne den Sauerstoff einatmen. Die Stechmücken haben genügt, um mich die Flinte ins Korn werfen zu lassen. Bei diesem soundsovielten, beschämenden Rückfall in Anteilnahme und Neugier bestand der einzig mögliche Widerstand darin, einfache Aufzeichnungen, Anmerkungen, eine Reihe höchst privater Notizen zu machen, die nur mit Mühe die Motive verbergen, die sie veranlaßt haben. Und nun besteht die einzig mögliche und einigermaßen würdige Revanche für meinen schmählichen Rückfall ins Vergnügen darin, die Aufzeichnungen und Anmerkungen, ungeordnet und unsinnig wie sie sind, wiederzugeben. Aber vielleicht ist das keine Revanche. Wer weiß, vielleicht kann nur die Unmittelbarkeit, die Einfachheit und eine gewisse Lückenhaftigkeit der Darstellung – wenn auch nur vage – das fieberhafte Abenteuer der Dreh-

Bruno Zanin als Titta in ›Amarcord‹ (rechts oben)
Fellini bei Proben zum Klassenfoto (rechts unten)

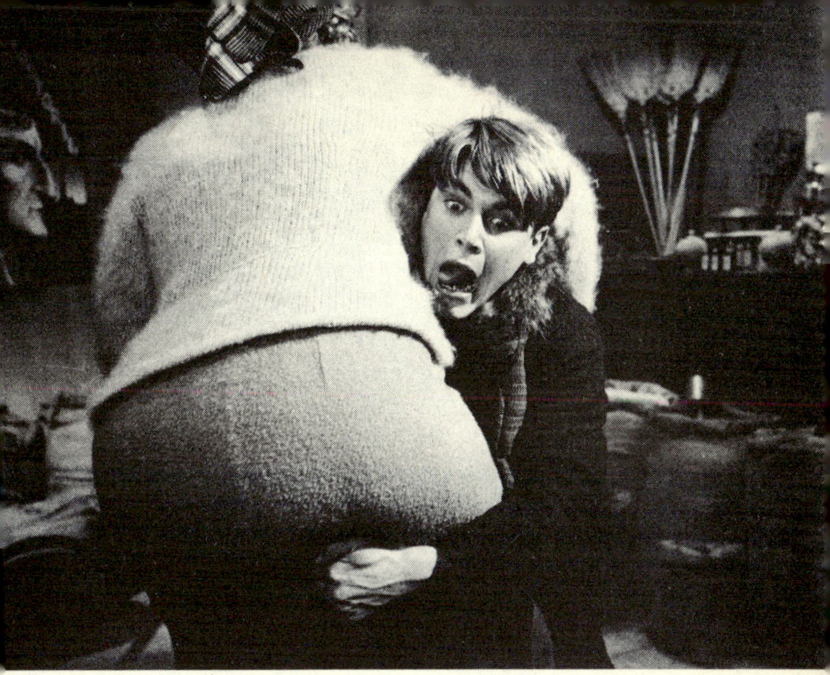

arbeiten eines Fellini-Films wiedergeben, ohne es im Anekdotischen zu ersticken.

Die Emilia, die Marken, die Lombardei; Cesena, Forlimpopoli, Rimini, Lugo di Romagna, Pesaro, Milano. Vollversammlungen von Laienspielgruppen, öffentlicher Aufruf an alle. Fellini reist, schaut, wägt ab, macht Notizen, läßt Hunderte von Typen fotografieren, etliche Dutzend läßt er wiederholt nach Rom kommen. Es geht darum, eine ganze Kleinstadt zu bevölkern.

Aber unabwendbar wie immer ist es der D-Zug aus Neapel, der Gymnasialprofessoren, Faschisten, Kaufleute, Väter von Titta, Mütter von Titta, Großväter von Titta in den Film ausschüttet.

Fellini hat sie sehen wollen, weil sie möglicherweise die Mutter von Titta spielen soll: »Haben Sie schon einmal in einem Film mitgewirkt, Signora?« Mögliche Mutter von Titta: »Nein, ab und zu beim Fernsehen in Neapel ...« Fellini: »Was denn ganz genau?« Mögliche Mutter von Titta (nach einer verlegenen Pause): »Hm, ich weiß nicht ... ich zeigte menschliche Empfindungen ...«

Eine allgemeine oder nur unbestimmte Tendenz: Das Drehbuch erfährt im Vergleich zum Film eine quantitative Beschränkung; viele Situationen, Momente, Personen verschwinden. Der Film hingegen hat die Tendenz, jede Situation in sich zu erweitern und sie durch Entwicklungen und Präsenzen anzureichern. Ich weiß nicht, warum dies alles mich

(links oben)
Von links nach rechts: Nando Orfei (Pataca), Pupella Maggio (Tittas Mutter), Armando Brancia (Tittas Vater), Bruno Zanin (Titta) und Stefano Proietti (Oliva)
(links unten)
Fellini bei den Dreharbeiten zu ›Amarcord‹

an Fellinis Widerwillen zu reisen und unbekannte Orte aufzusuchen erinnert.

Fellinis Büro. Tag der Vorstellungen.

Fellini: »Welches ist Ihre Lieblingsrolle, Signora, Ihre starke Seite?«

Signora: »Gar nichts. Ich habe keine starke Seite.«

Fellini: »Sie sind doch Schauspielerin?«

Signora: »Nein. Ich bin nicht Schauspielerin.«

Fellini: »Sind Sie denn bestellt worden?«

Signora: »Nein. Ich bin nicht bestellt worden.«

Fellini: »Dann sind Sie von selbst gekommen ... Würden Sie gern in dem Film mitmachen?«

Signora: »Nein. Ich möchte nicht im Film mitmachen.«

Fellini: »Ja, warum sind Sie denn dann gekommen?«

Signora: »Um endlich das Monstrum zu sehen! Um das Monstrum kennenzulernen!«

Fellini: »Welches Monstrum?«

Signora: »Sie, Signor Fellini, das Monstrum Fellini!«

Eine Mama mit Tochter.

Mamma: »Oh, nun kann mich auch der Schlag treffen, jetzt habe ich Fellini kennengelernt. Ah, nun kann ich auch Krebs kriegen, ich habe Fellini gesehen!«

Alle Mittel- und Oberschulen von Rom und in Latium werden durchgekämmt. Aber ein Titta findet sich nicht. Meine Schüchternheit erleichtert die Suche nicht. Skeptisch und spritzig, von nobler, leichenhafter Blässe begleitet mich Nestore Baratella* beim Besuch der verschiedenen Schulen. Man sieht Nestore als ersten in die Klassenräume eintreten, ich versuche, mich so lange wie möglich hinter ihm zu verstecken. Oft trete ich auch gar nicht in die Klassen ein, und so dreht sich Nestore nach einer kurzen Einleitung um, um eine phantomähnliche Signorina Betti, Assistentin von Fellini, vorzustellen, die in diesem Augenblick eine geheimnisvolle Ähnlichkeit mit dem Pedell hinter ihm angenommen hat.

Zwei oder drei Direktoren haben sich unhöflich oder bedauernd geweigert, uns in ihr Institut hineinzulassen, wohl weil sie uns für gefährliche Agenten einer neuen subversiven Kraft hielten. Andere hingegen, naiv und altväterlich, haben uns herzlich empfangen in der Hoffnung, die besorgniserregende Unruhe der Jungen auf weniger blutige Ziele zu richten.

Ein Angestellter des Finanzamtes mit dem bestürzten Gesichtsausdruck eines gutmütigen Halsabschneiders. Wie soll man ihm sagen, daß er einen verrückten Onkel spielen soll? Das Problem, den Kandidaten die Merkmale ihrer Rolle zu verheimlichen, die oft physische Gebrechen, psychologische Mängel und pathologische Ticks aufweisen.

Probeaufnahmen einer Volpina:

»Ja, es ist recht, danke! Sicher, danke, Signor Fellini! Sicher, sicher, die kleine Wölfin! Es ist recht, danke, als ob die Eingeweide brennen, sicher! Ich habe verstanden, danke, als ob der Schoß glüht,

* Regieassistent

sicher! Danke, danke, Signor Fellini! Mit aufgeblähten Nasenlöchern, sicher, sofort! Danke!«

Fellini will all denen danken, deren Kandidatur für eine bestimmte Rolle gescheitert ist. Die Briefe, die er vorbereitet, sind in bekümmertem Ton gehalten, der von einem liebenswürdigen Humor gemildert wird, und voller Dankbarkeit und vor allem voll von schmeichelhaften Erklärungen und Begründungen, daß bei den Empfängern der tröstliche Eindruck entsteht, sie seien bei einer Katastrophe glücklich davongekommen oder hätten doch wenigstens brillant die schwierigsten Examina absolviert. In der Tat wird jeder hören, daß er nicht im Film mitmachen konnte, weil er, je nachdem, zu sympathisch, intelligent, lieblich, geistvoll, faszinierend, sensibel, aktuell, unschuldig, leidenschaftlich, bewußt, intensiv, klar, schön, frisch, würdevoll und so weiter sei. In dieser gigantischen Rechtfertigung ist es das Wichtigste, die Umschläge mit den Adressen der ›Verschonten‹ nicht zu vertauschen. Andernfalls könnte Nereo Rocco, Trainer der Fußballmannschaft Milan, die Nachricht erhalten, daß er als Volpina nicht katzenhaft und häßlich genug sei.

In Cinecittà entsteht nach und nach ›das Städtchen‹: überzeugend, doch zerbrechlich wie gewisse moderne Bauten, die plötzlich einstürzen.

Biscein ist der zerlumpte, hungrige Aufschneider des Städtchens. Giudizio der Schwachkopf. Wenn Imagination und Schwachsinn zufällig das gleiche Phänomen wären, warum sollte man dann nicht beide Gestalten zu einer einzigen Inkarnation zusammenfassen. Wenn Fellini schon nicht an so schwindelerregende Experimente denkt, dann tut es der Schauspieler, der gerade an der Reihe ist. Der Schauspieler, der den Biscein spielt, ist aus Neapel und heißt Ombra* (welch einleuchtende Synthesen mancher Namen!). Sein Gesicht ist nicht zu beschreiben, denn es ist eine Mischung von Elementen, die eigentlich keine Veranlassung haben, zusammen vorzukommen. Fellini sagt, es sehe aus wie die Vergrößerung einer Bakterie, einer zwinkernden Bakterie, möchte ich hinzufügen. Vor der Kamera fällt Ombra der üblichen Katastrophe zum Opfer: unkontrollierte Bewegungen, Vergeßlichkeit, Gedächtnisschwund, unerhörte Initiativen und eine zügellose Hartnäckigkeit, mit immer größerer Wirksamkeit den Irrtum zu wiederholen. Auf Fellinis Seite dagegen der klassische Anfall von Ungeduld, Zorn, Zärtlichkeit, Geschrei, flehentlichen Aufforderungen, Drohungen, zerstörenden Kommentaren. Ombra sucht sich und den anderen Erklärungen abzugeben, die nicht einmal die seherische Sensibilität eines großen Schauspielers glaubhaft gemacht hätte: »Ich bin allergisch gegen Wolle! Es sind die Wollsachen! Ich fühle das Schmirgelpapier, das sie verwendet haben, um der Wolle ein altes Aussehen zu geben, auf dem Rücken, es stört mich!« Oder er ergeht sich in technischen Betrachtungen: »Sicher, in 8-Kilometer drehen ist etwas anderes! Ich habe gewöhnlich in 8-Millimeter

* Schatten

gedreht! Hier wird meinetwegen ein Haufen Film vergeudet, und das Filmmaterial kostet!«

Die Szene, die gerade gedreht wird, ist eine Aufschneiderei des Biscein: Biscein dringt in ein Zimmer des Grand Hotel ein, in dem ungefähr dreißig Konkubinen im Gefolge eines Emirs wohnen, zieht eine Flöte heraus und beginnt zu spielen, während die verschleierten Konkubinen sich einem immer wilderen Bauchtanz hingeben. Die Metapher ist die augenfällige Anspielung auf eine riesige Umarmung, eine umwerfende sexuelle Heldentat. Die dreißig Konkubinen tanzen also für Biscein, aber Fellini, unmittelbar daneben im Off, demütigt Biscein vor ihnen, greift ihn an, macht sich über ihn lustig. Niemals wurde eine Aufschneiderei so lauthals und mit so grausamer Gleichzeitigkeit Lügen gestraft.

Wenn Fellini bei einem Schauspieler ein wenig von der Oberfläche wegkratzt, kommt sofort die Gestalt zum Vorschein, für die er ausgesucht worden ist. Ombra ist wirklich Biscein: Er erzählt zum Beispiel, er sei der Herausgeber von Zeitschriften. Es versteht sich von selbst, daß das Verlagswesen eine Betätigung ist, die gefühlsmäßig, gleichsam durch Telepathie diejenigen verbindet, die sich auf diesem Gebiet betätigen: Heute kommt denn also Giulio Einaudi auf den Set. Ist er gekommen, um mit Fellini über die geplante Herausgabe eines Buches zu sprechen oder um den Kollegen Ombra zu trösten? Wenn Übereinstimmungen gehäuft auftreten, geben sie zu denken: Einaudi wird von einer bekannten englischen Frauenrechtlerin begleitet, die man ganz unversehens bei der funkelnden Szene eines Harems den niedrigsten Ausdruck weiblicher Unterdrückung annehmen sieht. Aber jede Frau hat den Verleger, den sie verdient.

Elisabetta, eine Nebendarstellerin, zu Fellini: »Was haben Sie für einen Kopf, Dottò. Was haben Sie für einen Kopf, Dottò. Was haben Sie für einen Kopf, Dottò.« Fellini: »Ich hab's verstanden, was willst du denn?« Elisabetta, ungeduldig: »Was haben Sie für einen Kopf, Dottò? Ich tät Ihnen so gern 'ne Wollmütze machen, 'ne Wollmütze mit weißen und rosa Streifen ...«

Von *Amarcord* zu sprechen, über den Film zu schreiben, ist ein Vorhaben, das einen bis zur Niedergeschlagenheit entmutigen kann. Die Situationen, Charaktere und Gesten sind so herkömmlich und gleichzeitig so exemplarisch, daß man ständig zwischen der Frustration, sie einfach anonym aufzuzählen, und der noch frustrierenderen Versuchung, irgendwie ihre Würze wiederzugeben, hin- und hergerissen wird. Fellini hat die Erzählung gleichsam miniaturisiert. Außer den Situationen beschreibt er einzelne Gesten, einzelne Kleider, einzelne Gegenstände.

Die Lehrer.

Fides ist eine Frau aus Bologna, deren Alter schwer festzustellen ist. Sie kleidet sich wie ein ganz vorurteilsfreies kleines Mädchen; sie hat ein frühlingshaftes Gesicht, übt aber im Leben eine männliche Tätigkeit aus: finanzielle Transaktionen und

Kunsthandel. Sie hat zehn Telefonnummern und ebensoviele Vorzimmer mit Telefon. Jedes Sekretariat nimmt das monotone Stimmchen von Fides auf, welches den Rosenkranz der Nummern der anderen Sekretariate herunterleiert und so einen Tag in Termine aufteilt, die nur durch wenige Minuten voneinander getrennt sind. Fides zu suchen, bedeutet in ein Universum einzudringen, in dem man sich endgültig verlieren kann. Im Film stellt sie die Lehrerin für Kunsterziehung dar. Nachdem sie einen kleinen Blumenstrauß auf das Katheder gestellt und den Schirm an den Kleiderständer gehängt hat, setzt Fides sich und verkündet ekstatisch: »Heute werde ich euch von dem großen Giotto berichten!!!« Dann lehnt sie sich zurück, bis sie langsam hinter dem Katheder verschwindet. Fides ist auf diese Weise ungefähr 50 mal verschwunden, aber nicht einmal als Fellini ihr freundlich und bestimmt zurief: »Bleib da unten, Fides!« hat sie nach dem Grund für ihr unerklärliches Verschwinden gefragt. Weil die Thermosflasche mit dem Cappuccino ja erst für den nächsten Tag vorgesehen war.

Dem Lehrer der Naturwissenschaften, unbeweglich wie eine Schildkröte hinter den beschlagenen Brillengläsern – die einzige hellere Stelle in jenem trägen Dunkel – geht es heute nicht besonders gut. Die Unterrichtsstunde über die Pendelschwingung, die er den Schülern heute vorführen sollte, ist ihm aufs Hirn geschlagen, und er beschränkt sich darauf, die Schüler demütig davon in Kenntnis zu setzen, auch wenn er es mit einem Nachdruck tut, der ein wenig an eine Manie erinnert: »Ich muß mich auskurieren!

Ich muß mich auskurieren! Mitten im Kopf fühl ich etwas ganz Schweres. Ich mach da halt – ich mach dort halt . . . und aus vollem Halse zähle ich von eins bis dreihundert. Es ist verrückt, ohje! Es ist verrückt, ohje!«

»Pinkel-Schritt, Pinkel-Schritt! Aber bist du denn verrückt! Pinkel-Schritt, Pinkel-Schritt: Pedell! Pinkel-Schritt, Pinkel-Schritt: Pedell!«

Das ist keine verschlüsselte Nachricht und noch weniger die respektlose Nachahmung einer grotesken Militärparade. Es handelt sich einfach um den schwer zu überbietenden Höhepunkt an Konzentration, den Fellini bei der Führung eines Schauspielers erreicht. Es handelt sich um den Augenblick, in dem die Mathematiklehrerin die Urinpfütze zu Füßen des Schülers an der Tafel bemerkt. Wer weiß, vielleicht ist es der Stoff, den die Lehrerin unterrichtet, der wenig später ebenso abstrakter Angaben bedarf: »Hände–Arsch, Hände–Arsch, Hände–Arsch–Schwanz, Hände–Arsch–Schwanz«, und dies geschieht, als die Lehrerin die Protagonistin einer erotischen Halluzination von Titta ist. Die Mathematiklehrerin – mit dem Gesicht einer Soubrette, das immer aus Flitter, Pailletten und Applaus aufzutauchen scheint (sie hat tatsächlich mit Maccario* gearbeitet) und einem eindeutigen Pferdegebiß – wird sogleich, als man ihr hinten am Rock einen schönen Pferdeschwanz befestigt, ungenierter, sicherer und zeigt die Ruhe und fast ein wenig verächtliche, wür-

* Italienischer Komiker, für den Fellini in jungen Jahren als Gagman arbeitete.

devolle Haltung von jemand, der sich endlich wohl fühlt. Hat diese Transplantation ihr aus einer Identitätskrise geholfen? Die Tatsache, daß die Frau darum bittet, den Schwanz mit nach Hause nehmen zu dürfen, könnte den beunruhigenden Verdacht bestätigen. Sie muß auch wiehern: »Hiiiiii!« Fellini: »Fletsche die Zähne, blecke die Zähne, wenn du wieherst!« Der weibliche Kentaur: »Als würde ich lächeln? Ah, ja, aber Pferde lächeln ja nicht...« Als Fides vorher an der Reihe war, lachte sie. Jetzt wiehert sie. Aber sie ist restlos glücklich.

Ein Arzt spielt die Rolle des Italienischlehrers. Er trägt Brillengläser dick wie Feldstecher, trotzdem erkennt er nur Umrisse. In *Roma* hatte er einen kleinen Auftritt in der Sequenz des Volksbordells. Daher empfängt Fellini ihn mit diesen Worten: »Treibst du dich immer noch in den Bordellen herum?« Als er erfährt, daß es sich um einen Arzt handelt, forscht er neugierig: »Warum gefällt Ihnen die Arbeit beim Film?« Der Arzt: »Weil ich das Paradoxe liebe. Die Schauspielerei gefällt mir, weil ich mich dabei ausdrücken, in Kommunikation treten kann.«

Wenn man die große Zahl von Personen bedenkt, die darauf bestehen, mit Fellini wieder und wieder zu arbeiten, bedeutet das, daß sie eine wenn auch nur dunkle Ausdrucksmöglichkeit und eine geheimnisvolle, wunderliche Kommunikation erreichen. Möglicherweise so: Der fast blinde Arzt, der hinter dem Katheder eines düsteren, stinkenden Klassenraumes sitzt, der von einer frechen und faulen Schülerschar bevölkert wird, trägt laut ein dramatisches Gedicht von Alfieri vor: »Der Tag wird kommen ... kommen wird der Tag, an dem ...« Nach dem Drehbuch müßte der Italienischprofessor, während er deklamiert, die Schüler in den ersten Reihen mit perlender Spucke bespritzen. Der Doktor versucht es, bis ihm der Mund trocken ist, aber es gelingt ihm nicht richtig. Also muß er sich damit abfinden, daß ein hinter ihm versteckter Requisiteur alfierianischen, feuchten Exzeß versprüht. Aber was macht das schon? In unsichtbare Stimmen und das klare Dunkel der Scheinwerfer getaucht, ist der Arzt, violett vor Inspiration, nicht mehr allein.

Die Aufnahmen der Sequenz in der Schule haben zwischen Fellini und den Schauspielern einen wahren Kleinkrieg heraufbeschworen. Hier die Höhepunkte:

Fellini: »Ich stürz mich zum Fenster raus! Zum Fenster raus!«

Die Mathematiklehrerin, voll echter Neugier: »Warum?«

Fellini: »Weil ich mich zum Fenster rausstürzen *will*!«

...

»Ich zerkratze mich, wenn du nicht aufpaßt!«

...

»Ich mach dich einen Kopf kürzer, denn *der* nützt dir sowieso nichts!«

...

»Maurizio (der Regieassistent), pack sie, sonst erwürge ich sie!«

...

»Fall bloß nicht mehr in Ohnmacht, es ist kein Kognak mehr da!«

...

»Sag bloß nicht, daß du es verstanden hast. Bloß nicht! Sag, daß du es nicht verstanden hast, und wir gehen alle nach Hause!«

Und die Schauspieler? Meiner Ansicht nach haben sie wohl intuitiv erfaßt, daß die Angelegenheit gar nichts mit ihnen zu tun hatte. Fellini war, wie unter Zwang, damit beschäftigt, eine andere Rolle des Films persönlich zu erproben: den giftigen Vater von Titta. Deshalb haben sie seine Ausbrüche einfach hingenommen.

Die edlen Conti di Lovignano.

Er, der Conte, ist ein echter Adliger aus Turin, Grenadier-Oberst. In seiner Dürre hat er etwas, was zwischen dem Jäger und dem Wild liegt. Sie, die Contessina Diomira, sieht aus wie die Infantin von Spanien, sagt Fellini. In *Roma* hat sie das Dienstmädchen der Familie des Protagonisten aus der Zeit, als er noch ein Kind war, gespielt. Eine glänzende Karriere. Sie raucht nervös, während sie auf das Feuer der kleinen ›fogarazza‹ starrt: Eine geheimnisvolle Erbkrankheit hat ihrem Antlitz den gleichmütigen Ausdruck eines Nagetiers verliehen.

Die Schwester des Conte, eine altersschwache Nonne, die Hände zerfurcht und entstellt von der einzigen lebendigen Sache, die von ihr Besitz ergriffen hat: der Parkinsonschen Krankheit.

Wie gesund ist dagegen die Dienerschaft: Sie trinkt und stößt auf ihre kranke und verrückte Herrschaft an und erzählt sich im warmen Schein der Flammen Märchen. Es sind schwedische Märchen. Und sie werden auf schwedisch von einem Dienstmädchen aus dem Norden mit starren, blauen Augen erzählt. Wer wird jemals die dunkle, angsterfüllte Kraft der Diener, ihre Geheimnisse, ihre verkannten Wundertaten ganz kennenlernen? Wie schwach und gefährdet ist die augenscheinliche Sicherheit der geheiligten Machthaber!

Die Zweifel, die Qualen, das Nachdenken über die Wahl der Gesichter. Dann aber die feine, ausgefeilte und gleichzeitig so ›natürliche‹ Treffsicherheit dieser Wahl. Und doch könnte Fellini paradoxerweise an diesem Punkt, auf dieser Ebene jeden Schauspieler, das zufälligste Gesicht nehmen.

Gradisca und der Fürst.

Marcello di Falco, ein untadeliger, metaphysischer Fürst wie in einer Operette, muß von abgrundtiefem Nachdenken, von unerträglichen Sorgen und Wutanfällen verbraucht und geschwächt erscheinen. Fellini: »Denk an die Schulden, die du gegenüber Belgien hast ... und auch an deine eigenen, Di Falco!« Ein Beleuchter: »Und die sind noch größer als die gegenüber Belgien!«

Gradisci, 1. Version (im Film gestrichen).

Erregt und keuchend entblößt Magali Noël ihre Brüste und flüstert mit bereitwilliger Hingabe:

»Gradisca, principe!«* Gleichzeitig nähert sich ihr die Kamera in einer langsamen, königlichen Fahrt, während Fellini mit alberner Stimme die zimperliche und nervöse Geziertheit des Fürsten imitiert: »Was ist das? Was sind das für Sachen? Gehören die Ihnen? ... aber ich habe doch gerade erst gegessen!«

Seltsamer Reiz dieses Städtchens! Wie die Afrikanische Krankheit. Es ist leicht, davon gefangengenommen zu werden oder verlassen zurückzubleiben. So ist es dem Generalstabschef Martignoni ergangen: Er ist nun Friseur in Gradiscas Laden. Ein Geschenk des Fürsten? Früher einmal machten die königlichen Hoheiten Generäle zum Geschenk.

Und Cervelli? Wenn er als General vielleicht vom Größenwahn befallen war, wird er später – nach seiner Heilung – der Leiter der örtlichen Irrenanstalt.

Der Vortrag über das Gebirge.

Fellini gefällt alles, was horizontal, ›ausgestreckt‹ ist; deshalb hat er das Meer so gern. Alles Vertikale hingegen, wie zum Beispiel das Gebirge, findet er unerträglich. Beruht auch diese Vorliebe zum Teil auf seiner Berufung für das Schau-Spiel? »Alles, was offen, ausgestreckt und leer ist, steht der Erfindung der Dinge und ihrer Bewegung offen: Ein Gebirgspanorama ist bereits etwas Vollständiges, es erweckt den Eindruck einer schon fertiggestellten Bühnendekoration.«

Wer kann den Emir spielen? Der Lehrer der Naturwissenschaften? Warum nicht? Die Lehrer widmen

* Prinz, bedienen Sie sich!

sich im Sommer häufig anderen Aktivitäten, vor allem diejenigen, die: »Mitten im Kopf fühl ich etwas ganz Schweres ...« Oder Martignoni, der Friseur-Generalstabschef im Gefolge des Fürsten? Diese Kandidatur ist ein wenig kühner, denn es kann sein, daß der Emir und der Fürst mit seinem Gefolge zur gleichen Zeit im Grand Hotel wohnen. Schließlich erinnert sich Fellini, fast wie Maigret, wenn er sich wie ein riesiger, atmender, aufnahmefähiger Schwamm vollsaugt – und das ist die Lösung, an Caldarola: den emirhaftesten Emir der Emire. Eine kleine, kugelrunde Kreatur, ein in der Nacht herumvagabundierender und zerstreuter Zwerg, Wahrsager, Handleser und in mageren Zeiten fliegender Händler mit einer Haarbürste und fünf Kleenex auf einmal. Aus dem beunruhigenden, dunklen Ballon schielt es faszinierend hervor, zwei große dunkelgrüne Augen mit ganz langen Wimpern. Sein Leben hat einen ungewöhnlichen Rhythmus: Er schläft vierzehn Tage ohne Unterbrechung oder verbringt seine Zeit damit, mit allen Autobuslinien in Rom herumzureisen, er macht seine Runde und hält sich in bestimmten Cafés und Hotels auf – wo er seine medialen Fähigkeiten darbieten kann; er verbringt die Nächte in den Wartesälen der Bahnhöfe, in gewissen befreundeten Polizeikommissariaten und leistet den Angestellten der SIP Gesellschaft, die in S. Silvestro ihren Nachtdienst tun. Trotz des Regens von Nachrichten, die in ganz Rom verbreitet wurden, bleibt der kleine Magier unauffindbar: Entweder hat er seine geheimnisvollen Relais abgeschaltet oder sich hermetisch in seinem wiederkehrenden langen Winterschlaf abgeriegelt. Aber er taucht genau am Morgen des festgesetzten Tages auf und hinkt mit langsamen, wiegenden Schrittchen den Weg zu Cinecittà herauf. Er ist der Emir, bei Gott! Und er hat die ruhige Pünktlichkeit des Monarchen, der noch die Minute zerteilt. Einen ganzen Tag lang läuft Caldarola mit einem Turban auf dem Kopf und zwei riesigen Smaragdohrringen in der Halle des Grand Hotel herum, gefolgt von Leibwächtern und Würdenträgern, die doppelt so groß sind wie er, die er jedoch mit olympischer Herzlichkeit ignoriert; der winzige Emir wiederholt mit einem honigsüßen Stimmchen ständig eine träumerische, besessene sexuelle Phobie, die in Französisch raffinierteste Resonanzen annimmt: »La différence qu'il y a entre la femme du chimpanzé et la mosquée de Bagdad ...«

Caldarola findet sich als Bettler des Ortes wieder und noch häufiger als der bescheidene Botschafter außergewöhnlicher Begebenheiten: die Flucht des Pfaus des Conte im Schneegestöber. »Schaut! Da ist der Pfau des Grafen!« Das Ertönen der Internationale während der schändlichen Trinksprüche der Faschisten: »Sie spielen das Grammophon von dort oben ...«

Die Bettelei ist ein unwiderruflicher Zustand, ein ewiges Kennzeichen des Städtchens; deshalb bleibt Caldarola bis zum Ende des Films bei uns. Er verbringt Tage und Nächte damit, aus Händen zu lesen und Schicksale vorherzusagen, den Frauen unschuldig obszöne Anträge zu machen, Lottozahlen zu verschenken, aber vor allem damit, unaufhörlich Tonnen von Lebensmitteln zu verspeisen und Hektoliter von Cappuccino in sich zu schütten, wobei er von Zeit zu Zeit mit graziöser Bewegung das schwarze Mäntelchen zurückschlägt, aus dem dicke, zarte Händchen zum Vorschein kommen.

Die Dreharbeiten eines Fellini-Films werden begierig von Studenten der Filmkunde, Autoren von Dissertationen über das Filmschaffen des Regisseurs, Psychologen und Psychoanalytikern besucht, die auf den Set kommen, um den ›kreativen Prozeß‹ mitzuerleben. Fellini: »Es ist so, als würde sich jemand neben einen Schlafenden setzen, um zu sehen, wie er träumt. Und als könnte er aus dem Keuchen des Atems, dem Flattern der Augenlider und den Fetzen von Wörtern und Sätzen, die der Träumer murmelt, die Natur und den Mechanismus des Traumprozesses erkennen ...«

Fellini zu einem Journalisten: »Ich beabsichtige auch, für einige Aufnahmen des Films nach Arabien zu gehen.« Werden wir dem Emir folgen, der dorthin zurückkehrt? Fellini phantasiert oft davon, mit seinen Gestalten wegzugehen, ihnen zu folgen, ihnen nachzuspionieren und die Geschichte, den Film einfach im Stich zu lassen – und vor allem die Produzenten.

Aldina Cordini schaut nach oben zu ihrem aristokratischen Anbeter, der am Fenster des Schulhofes steht. Colonia, vom Hof des Palazzo Lovignano aus, schaut nach oben zum Conte und der Contessina.

Biscein blickt sehnsüchtig zu den Konkubinen hinauf, die sich auf dem Balkon des Grand Hotels zeigen. Titta und seine Freunde schauen zum Pfau des Grafen hinauf, der im Schnee ein Rad schlägt. In dem Film entspinnt sich oft ein Gespräch zwischen einem, der sich oben und einem, der sich unten befindet. Im allgemeinen ergreift die Kamera für den, der unten ist, Partei.

Diese Faschisten!

Fellini zu einem Franzosen: »Sie haben am Widerstand teilgenommen, sagten Sie mir, Sie waren Partisan ... Gut, dann lasse ich Sie einen Faschisten spielen ... Wissen Sie, einen von denen, die mit Prügel und Rhizinusöl vorgingen ...« (hm, hier schlug die Unschuld in den Hang zur Provokation um).

Das düstere, spitze Gesichtchen des Franzosen und die ganz dicht stehenden grauen Augen verkörpern keine Ideologie, sondern einen Charakter.

Ein anderer. Mit dem lebhaften, warmen Blick einer verwundeten, verwirrten Menschlichkeit. Es ist einer von denen, die Filmkunde mit der Hartnäckigkeit lehren, die der Enttäuschung gleicht, die sie durchmachen, einer von denen, die vom Film sprechen, als sei er ein gelobtes Land, ein geographischer Raum für Privilegierte, ein ganz präziser Kontinent, in dem die absolute Glückseligkeit herrscht. Vor zehn Jahren trat er Fellini vor dessen Haustür entgegen und tat so, als schlucke er eine Tablette irgendeines Gifts; es war jedoch nur ein Aspirin. Aufs höchste beunruhigt, schaffte Fellini ihn in ein Taxi und brachte ihn ins Krankenhaus: »... Auf der ganzen Fahrt hat mein Kopf auf der Schulter von Signor Fellini gelegen ... Im Krankenhaus hatte ich nicht den Mut, die Wahrheit zu sagen, und so haben sie mir den Magen ausgepumpt ...« Damals ist nichts geschehen. Grausamer Fellini! Nun ist er da, im Sitz des Partito Nazionale Fascista, in ein Paar bestialische schwarze Stiefel und die triste Uniform der Miliz gesteckt. Aber fiebernd vor Freude. Grausamer Fellini? Die, die von Mythen leben, machen gar nicht so viel Unterschied, und sie sind immer gleich die Opfer.

In einem Fest von Fahnen, Trompetenstößen, Geschrei wahnsinniger Begeisterung steigt der Federale* am Bahnhof des Städtchens aus, das in einen unheimlichen, erstickenden Rauch gehüllt ist. Aber der Lehrer der Naturwissenschaften, wie seine Kollegen im schwarzen Hemd, hustet nicht einmal: Er hält dem Rauch unerschrocken stand, von echter Rührung und einer wahren Nostalgie erfaßt, die seine schildkrötenhafte Gleichgültigkeit noch unwiderruflicher erscheinen läßt. Fellini bemerkt es, streift einige Zeit um ihn herum und fängt dann an, ihn neugierig und drängend zu provozieren. Der Lehrer der Naturwissenschaften beschränkt sich darauf, mit zarter Ehrfurcht eine vergilbte Bittschrift an den Duce aus der Brieftasche zu ziehen und mit unumstößlicher Überzeugung einzuwenden: »Damals hatte ich Arbeit!« Fellini: »*Dir* haben sie damals Arbeit gegeben? Das allein würde ja schon genügen, um die ganze Faschistenbande unwiderruflich in Mißkredit zu bringen!«

Die große Theaterschauspielerin, hier unfreiwillige Kollegin dieser phantastischen, unersetzlichen

* Gauleiter

Lieblingsschauspieler Fellinis, scheut sich, dem Regisseur zu sagen, was sie denkt. Also nimmt sie einen Traum zu Hilfe: »... und ich sagte zu dir: ›Aber Federico, warum nimmst du diese ganzen Scheißkerle, die dich dann in Wut versetzen, viel Mühe kosten und mit denen du Zeit verlierst!‹ Aber du gabst keine Antwort ...«

In der Vorführung: Der Spaziergang über den Corso.

Fellini hat recht, wenn er sagt, daß im Gegensatz zum *Satyricon,* wo das, was man sah, fremdartig war, hier das Auge des Zuschauers schon ›ein anderes‹ geworden ist. Und es ist in der Tat der subtile Schatten der Vertrautheit, der über die Leinwand huscht und die Vision zu einer Erfahrung werden läßt, die zwischen der Marter und dem Lachen, der Qual und einer sonderbaren, verzweifelten Solidarität liegt.

Fellini: »Laß die Hand herunterhängen, als wäre der Puls kaputt ... steh jetzt auf, geh langsam auf sie zu, die Lippe ganz weit vorgeschoben, langsam, aber voller Potenz, als ginge dein Schwanz bis hierher, bis unters Kinn und du wolltest ihn ihr zwischen die Titten legen ... es ist wunderbar!!!« Diese Anweisungen gelten Gigino Penna Bianca, dem Verführer des Städtchens: Er soll einfach nur eine Amerikanerin auf der Terrasse des Grand Hotel zum Tanz auffordern.

Der Philosophielehrer, Ratgeber des Parteichefs

des Ortes, ist ein hoher Angestellter der RAI*, ein feinsinniger, geistvoller Intellektueller. Diese Erfahrung hat ihn jedoch völlig verdreht und verwirrt. Er telefoniert täglich, um sich über den Verlauf der Dreharbeiten zu informieren, um zu erfahren, was wir gerade drehen und ob nicht zufällig für diesen Tag ... seine Anwesenheit im Drehplan vorgesehen ist. Oft ist die Antwort negativ, und dann folgen am anderen Ende des Telefons besorgte, endlose, peinliche Pausen. Es kommt bei den Laien, die in einem Fellini-Film mitwirken, häufig vor, daß sie sich desorientiert, konfus, ja krank fühlen, wenn sie nicht auf dem Set dabei sind. Es kann sogar vorkommen, daß sie in Cinecittà ankommen, mit der klassischen Entschuldigung, die die gewieftesten Komparsen vorbringen, daß sie nämlich gekommen sind, weil sie einen entsprechenden ›Anruf‹, eine ›Aufforderung‹ erhalten haben. Der RAI-Angestellte sucht als Mensch von Kultur seine Verwirrung mit einem Bewußtsein und einer kritischen Distanz zu überspielen, die ohne Unterschied unerhörte Vorschläge oder feine, literarische Definitionen des Films hervorbringen können: »Warum sollte man den Film nicht ›Aufs Spiel gesetzt‹ nennen? ... Wie sagt Elena Croce in ihrem Essay-Band: *In Visita***: Jene Vergangenheit, die in der Gegenwart dahinmodert und uns die Freiheit nimmt, das Alte zu lieben und das Neue anzuerkennen.«

* Radio Audizionni Italiana: der italienische Rundfunk
** Zu Besuch

Was für eine erregende Konfusion.

Ich habe Caporale, einen von Fellinis Lieblingsschauspielern, gebeten, einige Zeilen über die eigene Rolle im Film, nämlich die des Giudizio, aufzuschreiben.

»Die Rolle des Giudizio ist schön für mich, und ich danke meinem Maestro von Herzen, daß er mich dafür ausgesucht hat. Durch diese Szenen, von deren Eindruck rufen mir wieder die schwierige Zeit der 30iger Jahre ins Gedächtnis, wo ich mich in Schwierigkeiten befunden habe und wir umherziehen mußten wie bei den Zigeunern. Heute danke und preise ich den Herrn. Diese Rolle verkörpere ich mit der Treue, wie zu der Zeit, wo sie spielt. Die Gestalt, wo ich verkörpere, macht mir Freude; es ist unter dem Namen ›Giudizio‹ und durch die Arbeit mit dem Maestro Fellini werde ich heute in der ganzen Welt des Schauspiels bekannt – Caporale.«

Die im Film notwendigen Personen sind praktisch alle Bewohner des Städtchens. Daher tauchen bei jeder Wiederholung, Tatsache oder Situation die gleichen dramatischen Zweifel wieder auf: Welche Personen werden dabei sein und welche nicht? Oft haben Auswahl und Ausschluß durch Fellini die unergründliche Zufälligkeit des Lebens.

Oder eine Gestalt, die vorher keine besaß, erlangt eine Identität. Besprechung mit den Assistenten. Fellini: »Denkt daran, daß in der Sequenz der Rex auch die Tochter des Stadtschreibers vorkommt ...« Erstaunter Chor der Assistenten: »Und wer ist die Tochter des Stadtschreibers?« Fellini, ebenso

Magali Noël (Gradisca) mit Bruno Zanin (Titta) in ›Amarcord‹

9

Die ›Rex‹ aus ›Amarcord‹, aufgebaut im großen Swimming-pool von Cinecittà

Il Pataca, gezeichnet von Fellini

erin aus ›Amarcord‹, gezeichnet von Fellini

Ciccio Ingrassia als verrückter Onkel (links) in ›Amarcord‹

Die Traumhochzeit der beiden Jungfaschisten

Peppino Janigro als Großvater in ›Amarco

Fellini mit Magali Noël auf dem Set von ›Amarcord‹

erstaunt: »Die Polini! Na so was, wißt ihr nicht, daß die Polini die Tochter des Stadtschreibers ist?«

Ein anstrengender Tag. Alle Bewohner des Ortes mußten den ganzen Tag hindurch in zerbrechlichen Booten auf dem Meer bleiben: ohne zu trinken, ohne zu essen und ohne sich die Beine zu vertreten. Ein ermüdenderes und gefährlicheres Warten als bei der echten Rex vor 40 Jahren. Am Ende der Aufnahmen wurde jeder namentlich aufgerufen, um sicherzugehen, daß niemand untergegangen oder nach Sardinien verschwunden war.

Fellini, in Gedanken versunken: »Morgen ist die Beerdigung von Zanins Mutter . . . stell dir mal vor, wie mich die Beerdigung von Zanins Mutter interessiert . . . Hm, wer weiß, was ich machen werde . . .«

Morgen wird die Beerdigung von Tittas Mama gedreht; es handelt sich nicht um die Beerdigung von Zanins Mutter. Bruno Zanin ist einfach der Darsteller des Titta. Was für eine bizarre Vorsichtsmaßnahme, um eine übertriebene, kompromittierende Anteilnahme abzuwenden.

Eine Beratung.

Der Makler des Ortes ist ein ehemaliger Mönch. Wie ist er zum Film gekommen? . . . »Hm, ich saß in einer Rosticceria, da kam ein ›Capogruppo‹* auf mich zu . . .« Eine siegreiche Versuchung des Teufels, wie es scheint. Aufgrund seiner früheren Kompetenz fordert man ihn auf, die Zeremonie der Beerdigung festzulegen.

Fellini: »Geht der Priester vor oder hinter dem Wagen mit dem Sarg?«

Makler, sicher: »Dahinter. Der Priester ist immer dahinter.«

* Gruppenführer für die Statisten, auch für die Auswahl von Kleindarstellern zuständig

Fellini: »Ich glaube mich aber zu erinnern, daß er davor war . . .«

Makler, überstürzt: »Bei den Beerdigungen. Bei den Beerdigungen, ja. Bei den Beerdigungen ist er davor.«

Fellini: »Und was ist das hier? Ist das keine Beerdigung?«

Makler, mit der Unerschütterlichkeit der Überzeugten:
»Also da ist er dahinter. Bei den Beerdigungen ist er dahinter, ja, ja, er ist immer dahinter.«

Fellini: »Trotzdem glaube ich immer noch, daß er davor war . . .«

Makler, blitzartig, heiter:
»Sicher. Außer den Beerdigungen. Bei den Beerdigungen ist der Priester dahinter.«

Fellini: »Wie kommt der Sarg aus der Kirche heraus? Ohne Blumen? Ohne Kränze?«

Makler, vorsichtig: »Das kommt darauf an; er kommt mit den Kränzen heraus . . .«

Menicuccio, der Chefatelierarbeiter, greift mit fester Stimme ein:
»Aus der Kirche kommt der Sarg ganz nackt und bloß heraus.«

Fellini: »Also?«

Makler, sehr rasch: »Er kommt nackt und bloß heraus.«

Fellini: »Aber hast du nicht gerade eben gesagt, daß er mit den Kränzen herauskommt?«

Makler, in einem Anfall plötzlicher Nachgiebigkeit:
»Sicher, er kommt mit den Kränzen heraus.

Man sieht, daß sie die Verstorbene sehr gern hatten . . . all diese schönen Blumen . . .«

Fellini: »Wo befindet sich die Musik? Vor oder hinter dem Wagen?«

Makler, voller Verdacht: »Je nachdem . . .«

Fellini: »Je nach was?«

Makler, logisch, unanfechtbar:
»Je nachdem, ob sie davor oder dahinter ist.«

Schade, daß die gutwilligen Ratschläge des Beraters schließlich völlig unberücksichtigt geblieben sind. Es wäre eine unvergeßliche Beerdigung dabei herausgekommen. Unvergeßlich, wie die Erinnerung, die der Makler daran hat:

»Die besonderen Empfindungen mystischer Hingabe, die ich hatte, trugen Früchte in Form meiner Ratschläge für die Szene, die durch meine liturgischen Antworten in lateinischer Sprache lebendiger und ergreifender wurde. Meine gerührte Teilnahme an dieser Beerdigungszeremonie hat die schönsten, suggestivsten und unvergleichlichsten Augenblicke meiner Filmkarriere ausgemacht: Augenblicke, die mir wirklich unauslöschlich und mit solcher Kraft in der Erinnerung haften werden, daß in mir schon jetzt der Entschluß gereift ist, der Tätigkeit beim Film keine andere vorzuziehen.

Besondere Erwähnung verdient meine Teilnahme an der Szene, die in der Ortschaft Ostia Lido gedreht wurde, deren Hauptstraße ich mehrmals in einem alten Automobil der damaligen Zeit entlangfuhr, auf dem Vordersitz neben dem Fahrer, in Großaufnahme, die Nase gegen die Scheibe gepreßt, während der Maestro Fellini, von der Regie aus, laut meinen Namen rief und mich wiederholt aufforderte, mich immer mehr zu zeigen. Und ich war so überaus stolz und glücklich über diese Behandlung und die besondere Beachtung Fellinis, denn ich war mir bewußt, daß dies wirklich eine wunderbare, höchst wichtige ›Großaufnahme‹ war, die diesen Namen verdient.«

Die aber brutal aus dem Film herausgeschnitten wurde.

Der Angestellte des Bankinstituts, der mit der wöchentlichen Kontrolle des gedrehten Materials von *Amarcord* beauftragt war, erschien: groß, schlank, glattes Haar, knochiges Gesicht, von einfacher, neurotischer Vornehmheit. Aufgrund einer ganz zufälligen Notwendigkeit wurde ich damit betraut, den Angestellten in die Vorführung zu begleiten. Wir setzten uns auf die höchst bequeme Couch im Hintergrund eines warmen und eleganten kleinen Raumes. Sogleich ging das Licht aus, und in der Stille, die von dem metallischen Ton des Vorführgeräts unterstrichen wurde, begannen auf der Leinwand die Bilder der Schul-Sequenz abzulaufen. Ich war aufmerksam und ruhig. Ohne mich anzusehen, äußerte sich der Angestellte auf einmal freimütig lobend über meine kräftige Erscheinung. Ich erinnere ihn, sagte er, an eine Freundin aus der Schweiz, eine Dame von ungefähr 50 Jahren, die jeden Tag Kugel gestoßen habe, um sich in Form zu halten. Ich lächelte verwirrt, nicht so sehr wegen des außergewöhnlichen Kompliments, sondern vielmehr, weil mir keine passende Antwort einfiel. Durch mein unsicheres Schweigen ermutigt, fragte mich der unruhige Angestellte, der von Anfang an ständig nervös auf der Couch herumgerutscht war, dauernd die Position gewechselt, in der eigenen Tasche herumgesucht und die Uhrzeit kontrolliert hatte, indem er die Uhr gegen das Licht der Leinwand hielt, mit einer seltsamen Neugier, die in Besorgnis überging, welche Sportart ich betrieben hätte oder betreiben würde. Ich antwortete eifrig, daß ich viel geschwommen sei und bei Schülerwettkämpfen im Diskuswerfen einen guten Platz belegt hätte. Das Gesicht meines Gesprächspartners erstrahlte in einem entschieden selbstgefälligen Enthusiasmus, weniger aufgrund der Genauigkeit – glaubte ich zu verstehen – als aufgrund der Realität seiner Voraussage. Hm, dachte ich bei mir, die Aufgabe, jede Klappe jeder Einstellung zahlloser Filme anzusehen, kann auf die Dauer unerträglich werden; jeder hat schließlich das Recht, der Langeweile und der Monotonie irgendwie zu entgehen. Die folgende Frage ließ mir, bevor ich darauf antwortete, kaum Zeit festzustellen, daß die Art meines Gesprächspartners, sich der Langeweile zu entziehen, nicht irgendeine war, sondern sich mir als sehr verfeinert und unvorhersehbar enthüllte. »Haben Sie noch nie gerankelt?« Ich dachte ernsthaft nach und antwortete dann: »Ja, manchmal, mit Freunden ... so zum Spaß ...« Im Halbdunkel ertönte die sichere, zufriedene Stimme des Gastes: »Und ich wette, daß Sie immer gewonnen haben!« Ich wußte, daß ich ihn enttäuschen würde, aber an diesem Punkt wäre jeder Versuch, es zu vermeiden, lächerlich gewesen. »Nein, nicht immer, manchmal habe ich gewonnen und manchmal verloren ... Das hängt vom Gegner ab ...« Er war enttäuscht. Aber nur für einen Augenblick; obgleich der Realismus meines Geständnisses wenig anregend war, gewann er im Grunde an konkreter Glaubwürdigkeit und genügte, um den bejahrten Angestellten erneut für dieses verwirrende Gesprächsthema zu begeistern.

Auf der Leinwand verkündete die Kunstlehrerin den Schülern ekstatisch die grundlegende Entdeckung von Giotto: »Die Per-spek-ti-ve!« Danach tauchte sie sofort mit der Bewegung kindlicher Gier den Keks in den Milchkaffee. Genau in diesem Moment machte mein Freund seinen wunderlichen, metaphysischen Vorschlag: »Wollen wir zwei nicht miteinander rankeln?« Es ist klar, daß eine ganz gewöhnliche Langeweile nicht mehr ausreichte, um dies zu erklären und zu rechtfertigen. Im Bruchteil einer Sekunde sagte ich das ›tædium vitae‹ von Leopardi auf, immer weiter bis zu einer vergessenen, starren Unbeweglichkeit, aber es gelang mir nicht, das, was gerade geschah, zu identifizieren, zu klassifizieren. Also gab ich mich einer gierigen Teilnahme hin. Nur aus Pflichtgefühl wagte ich den Vorstoß: »Was ... jetzt?« Ungeduldig, aber freundlich, drängte er, der nunmehr mein Partner war: »Ja, sicher; wir haben hier ja noch zwei Stunden; das kann eine amüsante Art sein, die Zeit herumzubringen.« Wir erhoben uns gleichzeitig von der Couch und begannen im Dunkeln nach irgendeiner waagrechten Fläche zu suchen, die die unglaubliche Herausforderung zum Kampf ermöglicht hätte. Ich entdeckte in einer Ecke, halbverborgen in einer Wandnische, ein viereckiges Kristalltischchen, das ungefähr 30 cm hoch war. »Da wäre dieser Tisch, aber er ist zu niedrig ...« Die Entgegnung ließ nicht auf sich warten: »Und warum nicht? Wir könnten uns auf den Boden setzen ...« Der weiche Teppich, der den Boden bedeckte, erschien als eine fast verbindliche Verpflichtung, es zu tun. Wir setzten uns auf den Boden, stützten die Ellbogen auf die Kristallplatte und verschlangen die Hände ineinander. Die des Angestellten war weich, kalt, ein wenig feucht. Ich stellte mir einen Augenblick lang vor, es würde in diesem Moment jemand hereinkommen; ich hoffte sogar, daß sich vielleicht der Produzent blicken ließe, dessen Macht ausschließlich von dem Bankinstitut abhing, dem dieser merkwürdige Angestellte angehörte und das das nötige Bargeld für den Film zur Verfügung stellte. Ich begann den Arm meines Gegners in die entgegengesetzte Richtung zu drücken. Ich spürte einen leichten Widerstand. Ich erinnere mich, daß ich lächelnd bei mir dachte, es wäre besser gewesen, den Gegner gewinnen zu lassen; wer weiß, eine Niederlage hätte ihn in bezug auf *Amarcord* ungünstig beeinflussen und ihm sogar negative, verzögernde Berichte an seine Vorgesetzten diktieren können. Aber ich stellte sofort fest, daß der Widerstand nicht nur leicht, sondern gewollt leicht war. Der Angestellte wollte geschlagen, besiegt und gedemütigt werden. Das, was folgte, war die unzweifelhafte Bestätigung. Aus der Hosentasche, in die er mit äußerster Natürlichkeit die andere Hand gesteckt hatte, hörte ich das Geklapper eines Schlüsselbundes, das einen immer schnelleren Rhythmus annahm. Was tun? Das Gespenst von Sacher-Masoch genoß meine ganze Solidarität. Im übrigen wäre es meinerseits unhöflich oder idiotisch gewesen, einen Widerwillen vorzutäuschen, den ich gar nicht empfand, oder eine Wohlerzogenheit, deren Sinn und Gesetze ich nur flüchtig kenne. Mit wissender, unterstützender Langsamkeit bog ich den Arm meines willigen Opfers zurück. Die Rückseite seiner Hand berührte das Kristall des Tisches. Das Geklapper der Schüssel hörte ganz sacht auf. Auf der Leinwand lief Tittas Großvater verängstigt im Nebel umher. In dem kleinen Raum hörte man nur das Surren des Projektors, aber ich wußte, daß der Großvater in diesem Augenblick ausrief: »Gina! Gina!«

Auch *Amarcord* endet in der Einöde von Focene. Wie das *Satyricon.* Auch dieses Mal ein Ritus, ein Aufbruch.

Wegen des unbeständigen Wetters – Sonne, bedeckter Himmel, Regen – wird mit dem Drehen der Sequenz jedesmal an dem Punkt, an dem sie unterbrochen wurde, und in der Version der meteorologischen Laune des Augenblicks wiederbegonnen ... »So hat *Amarcord* nie das Licht der Welt erblickt, weil Fellini und sein Team noch heute, nach zwanzig Jahren, die Hochzeit der Gradisca weiterfeiern, ohne zu einem Ende zu kommen. Ein unaufhörlicher Zauber hält sie dort unten zwischen dem Gestrüpp, dem Sand und dem Wind fest.«

Welcher Unterschied besteht zwischen dieser unmöglichen Eventualität und der ebenso unmöglichen, aber aufrichtigen Phantasie Fellinis, wenn er wiederholt sagt: »Wozu das gedrehte Material entwickeln? Würde es nicht genügen, nur zu drehen?«

Asabasiv

›Asabasiv‹ ist das geheimnisvolle Wort, das der Fotograf von *Amarcord* sagt, bevor er Personen und Ereignisse des Städtchens auf die Platte seines Fotoapparats bannt. Um diesbezügliche Fragen und Hypothesen auszuschalten, hat Fellini in einer Fußnote im Drehbuch erklärt, daß die antiken Bewohner des Hinterlandes der Romagna mit diesem Ausdruck eine bestimmte Tageszeit bezeichneten. Daher, so führt die Anmerkung aus, sei es unverständlich, warum der Fotograf diesen Ausdruck in jedem Augenblick, für jede Tageszeit gebraucht. Die Anmerkung hat deutlich provozierenden Charakter, da sie frei erfunden ist, eine unschuldige, scherzhafte Revanche gegenüber der leeren Gelehrsamkeit. Aber vielleicht hat der Fotograf gar nicht so unrecht: Der Augenblick, in dem die Realität in ihr eigenes Bild übergeht, der Moment, in dem das Leben zu seinem eigenen Abbild wird, verlangt einen Hinweis, der zumindest ebenso geheimnisvoll wie das Ereignis wunderbar ist, das er ankündigt.

Gelehrsamkeit um der Gelehrsamkeit willen: Die Massai, ein ostafrikanischer Volksstamm, betrachten jedes Bild, das sie darstellt, als Tabu, weil sie es für eine vampirische Verminderung ihrer Vitalität, für ein Attentat auf die Existenz des Modells halten. Wenn die dunkle Ahnung der Massai richtig wäre, wüßten wir mit Sicherheit, daß die Realität in jenem absorbierenden, parallelen Leben, in jenem monströsen, widerspiegelnden Fetisch wirklich erlischt. Man würde den Verdacht bestätigt finden, daß Fellini, der sich selbst und sein eigenes Leben in Bildern verausgabt hat, im Grunde gar nicht existiert.

Federico Fellini im Diogenes Verlag

Casanova

Federico Fellini's verhaßter und verherrlichter Film- und Frauenheld.
Eine Dokumentation über den historischen, literarischen und fellinischen Giacomo Casanova. Mit einem Essay von Stefan Zweig, Zitaten aus Casanovas Memoiren, Texten von D. H. Lawrence bis Federico Fellini und zahlreichen farbigen Film-Fotos.

Fellini's Filme

Die 450 schönsten Bilder aus seinen 15½ Filmen. Mit kompletter Filmographie und Kurzbeschreibung der einzelnen Filme.
Vorwort von Georges Simenon.
Herausgegeben von Christian Strich.
53. Werk im ›Club der Bibliomanen‹

Fellini's Zeichnungen

Eine Auswahl von 180 Entwürfen für Figuren, Dekorationen und Kostüme, Telefonzeichnungen und Graffiti.
Vorwort von Roland Topor.
52. Werk im ›Club der Bibliomanen‹